50歳からの住まいプラン

監修：加納義久

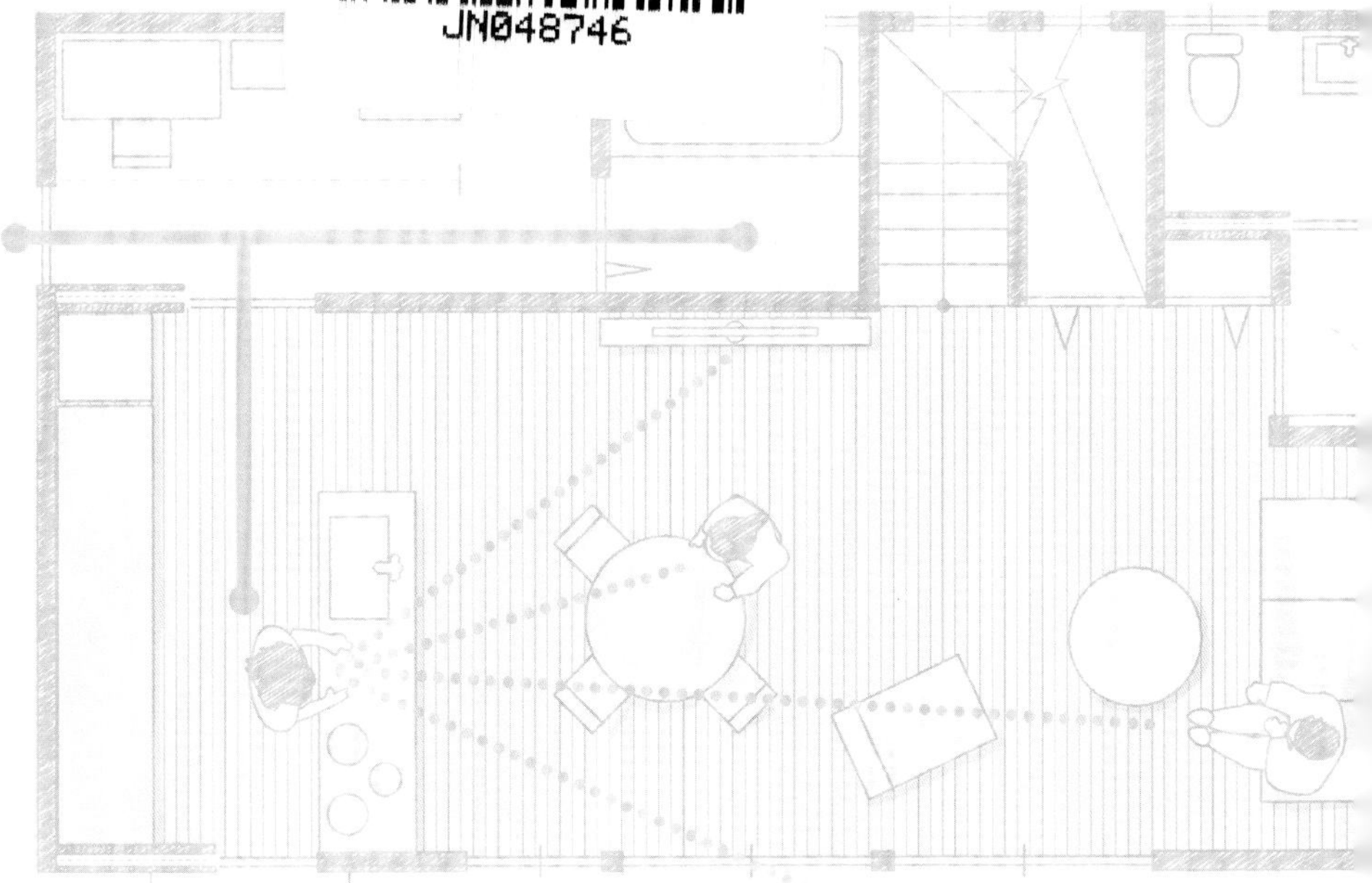

朝日新聞出版

はじめに

生活の基礎を「衣食住」と表すように、私たちが生きていくうえで、住まいを整えることはとても重要です。

きっと多くの方が、住まいが大切であることはわかっておられるでしょう。しかし、それがなぜなのか、どのような住まいが本当によいのか、どのように整えていけばよいのかは、一般的には意外に知られていません。住まいのかたちは人それぞれであってもちろんよいのですが、家族の命や健康を守り、本当に便利・快適で、幸せに暮らせるために共通して満たしておくべき事柄が、じつはさまざまあるのです。

「居は気を移す」という孟子の言葉があります。これは、人は住む環境によって自然に感化されるということを意味するものです。つまり、本当によい住まいをつくってそこで暮らせば、よい人格、よい人生が育まれますが、またその逆もしかりということです。

人生の後半にさしかかる今、あらためて本当によい住まいと人生について、考えてみてはいかがでしょうか。

今からでも決して遅くはありません。人の一生には、いくつかのライフステージがあり、その変化に合わせて、住まいも変更を加えていくべきなのです。人生が100年と長くなり、ますますこのことが大切になってきています。

日本では約8割の方が最期を病院で迎えていますが、本当のところは、半数以上の人が自宅でと望んでいます。そういったことからも、まだ先のことではありますが、自分のこれからの人生と住まいに目を向けておきたいものです。

50歳となると、子どもの自立も近づき、この先のことがなんとなく脳裏をかすめる頃ではないでしょうか。子育てや家事、仕事が優先だった暮らしから、ようやく自分のことに目を向け、新たな人生への切り替えをすべきときが間近になってきています。

とはいえまだ、子どもの成長を支え、学費など経済面での苦労が多い時期であり、仕事面では責任も重く、親の介護問題を抱えている人も多いのではないでしょうか。50歳はまだまだ、そういったさまざまなストレスで苦しい時期です。米国のダートマス大学、デービッド・ブランチフラワー教授の研究でも、50歳の手前が、幸福度の最も低い時期だとされています。

ところがこの先は一転して、年齢が高くなるにつれて幸福度は徐々に上がっていき、82歳ぐらいに最も高くなるというのです。人生後半になると家族や仕事などの心配が少なくなり、自分を中心に生きていけるということではないでしょうか。

ただ、いざそうなったとき、本当に自分中心へとリセットすることができるのでしょうか。素直に自由な暮らしを求め、夢に向かっていけるのでしょうか。

自分の性格や生活習慣は、自分ではそう簡単に変えられるものではありません。気持ちを切り替えてモチベーションを高めるには、前述した孟子の言葉にもあるように、じつはまず住まい（環境）を変えてしまうことが効果的なのです。住まいを変えることこそが、これまでの人生を変え、新しい人生を始める大きな力になるのです。

住まいを変えるといっても、多くのエネルギーが必要となります。50歳代の、まだ体力や気力、資金力のある時期に、少しでも行動に移すことを考えてほしいと思います。

まずやるべきことは、これからの自分の人生をどのように生きたいのかを考え、目標や夢をもつことです。これらを実現できる住まいのあり方、かたちを考えましょう。そしてその住まいで暮らせば、目標や夢が実現するというわけです。

自分自身のこれからの人生を考えるという作業が、いちばんエネルギーのいることかもしれません。本書では、チャート診断や書き込み式のワークなどを用意し、こういった面と住まいづくりを連動させてサポートしています。

本当によい住まいにするために必要な条件についての基礎知識も、わかりやすく解説しています。人生後半でかなえたい内容別のおすすめプランや、将来、体が思うように動かなくなってしまった際に役立つ住まいの知識も充実させました。

戸建てやマンション、新築やリフォームなど、さまざまな例を取り上げ、実際に活用していただける住まいづくりのアイデアを多く掲載しています。

本書を参考にして将来を具体的にイメージし、それに向かって、できることから準備を進めていただけることを願っています。

人生100年時代といわれてから、まだ時はそれほど経っていないため、実際に見ることのできる100年の人生や住まいのサンプルは、あまりない状況です。私たちが後世のよい見本となれるよう、活き活きと人生を全うできれば何よりです。

加納義久

CONTENTS

50歳からの住まいプラン

第3章 「好きなこと」ができる住まいプラン

第4章 ゆったり、楽しく過ごせるプラン

第5章 ずっと安心、安全な住まい

本当の豊かさを見つける

好きなモノ、こと
大切な人と過ごす

眺めがよくて、明るくて
自然の光に包まれる

安心、安全に暮らせる、将来への備え

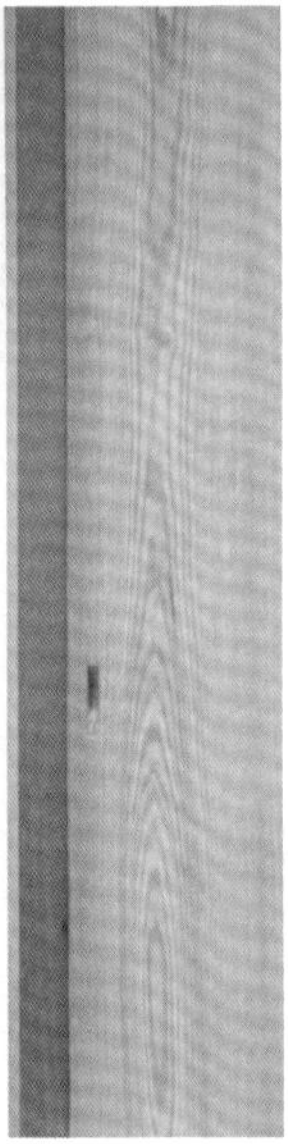

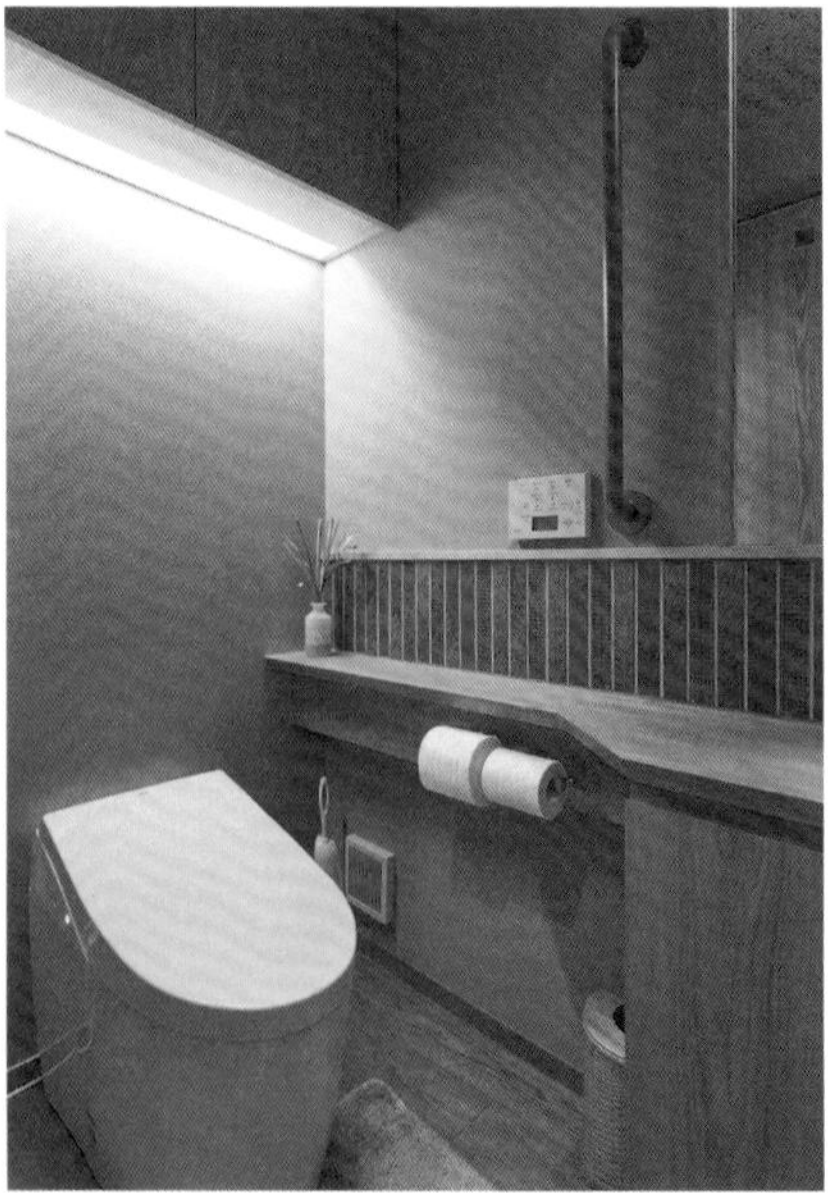

©母倉知樹

古きよきものは
次の世代のために

©岡田大次郎

本書の使い方

本書では、人生後半を自分らしく生きるヒントや、それをかなえる住まいのプランの基礎知識、アイデアを知ることができます。

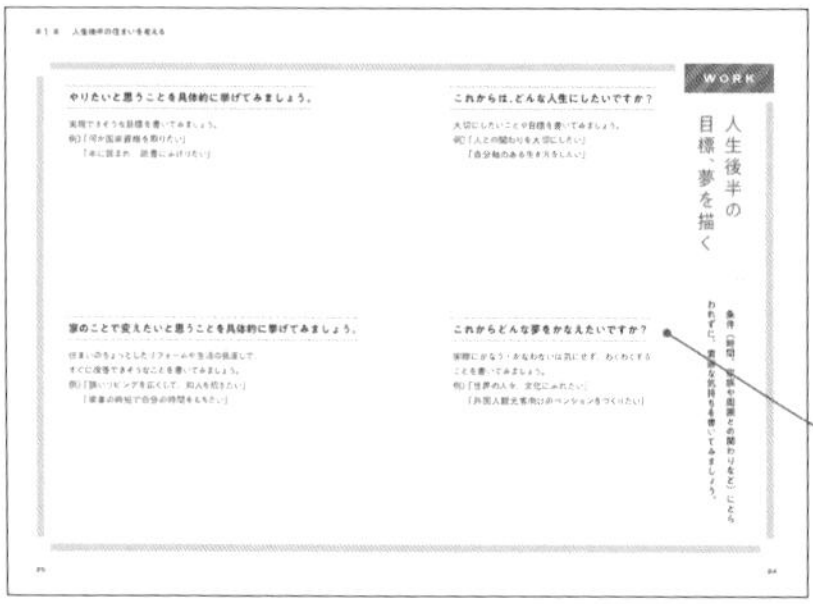

WORK

書き込み式のワークやチャートによる診断で、自分らしい人生後半の過ごし方、望ましい住まいのあり方をさぐることができます。

質問に沿って考え、書き込んでいくうちに、自分が本当に望んでいることなどがわかってきます。

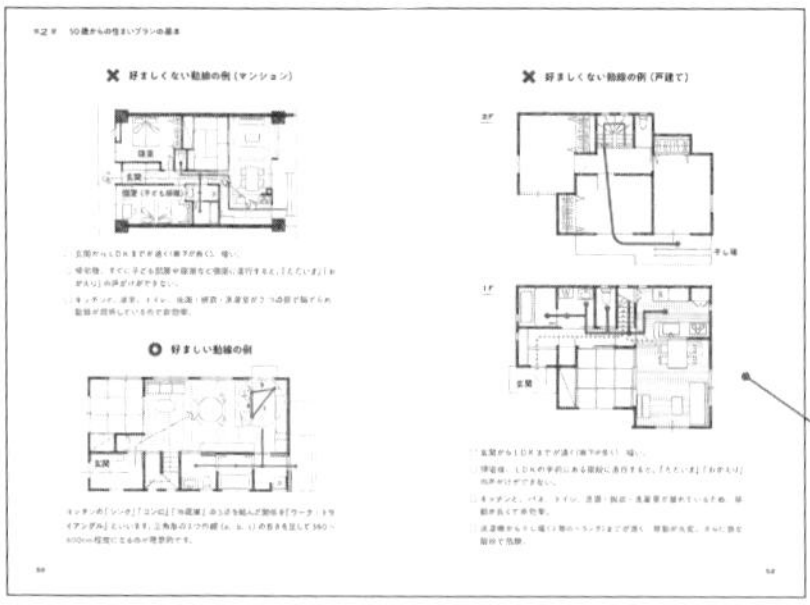

間取り・プランのアイデア

人生後半を充実させるにふさわしい住まいの具体的な考え方やプランを、わかりやすく解説、紹介しています。

好ましくないプランの例や、新築・リフォームに取り入れやすいアイデアを豊富に掲載しています。

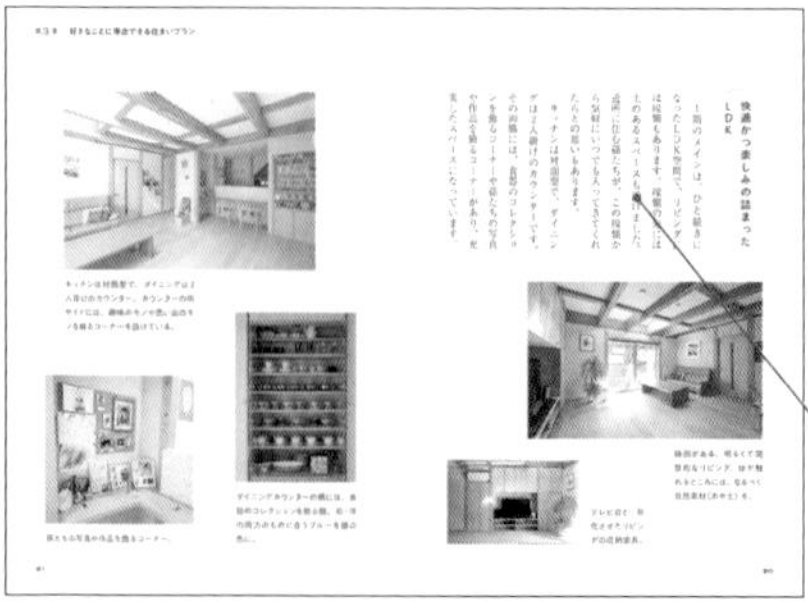

プランの実例

人生後半で住まいを変えた実例を、戸建て・マンション、新築・リフォーム、要望や暮らし方の違いなどバリエーションを豊富に紹介しています。

住まいを変えた経緯、要望、プランのポイントなどをくわしく紹介しています。

※本書では、住まいの部分的な改善を「リフォーム」、大きな間取りの変更や構造などの補強を伴うものを「大規模なリフォーム」と呼んでいます。

第1章

人生後半の住まいを考える

50歳からの生き方と住まい

今や人生100年時代。50歳はまだ人生の半分で、折り返し地点ということになります。

これまでライフステージといえば、①教育を受ける、②働いて、子育てに力を注ぐ、③リタイアしてのんびりと老後を過ごす、という大きく3つの段階に分けられていましたが、これからは、60歳もしくは65歳でリタイアするとして、残りの人生はおよそ40年。ずいぶんと3つめのステージが長くなるわけです。ここをいかに過ごすかが、人生の充実度に大きく関わってきます。

自分のことに意識を向ける時間が、ようやくできつつある50歳以降からが人生の本番です。やりたいことを見つけて、どんどん自己実現をしていきましょう。

できれば、お金・地位・名誉などからは離れて、モノより経験を重視し、人とのつながりを大切にしながら日々を楽しみたいものです。アクティブに自分らしく行動したり、ゆったりと家族との時間を満喫したり。ゆくゆくは高齢期に備え、最期まで自立して生きるのが理想的です。

そのためにも、今から自分を整え、暮らしを整えて、体を健やかに、心を安らかに。自分がやりたいこと、できることに精一杯に取り組む。そしてそのことによって、周りの人に喜びと幸せ

が広がり、次の世代が現在よりも発展してよりよくなれば、充実した人生といえるのではないでしょうか。

そして、その人生の舞台の楽屋、あるいはステージそのものとなるのが、住まいなのです。

これまでは住まいに対しても、じっくりと意識を向ける時間が少なかったのではないでしょうか。家族のためではなく、自分自身が幸せになれる住まいを、これからはつくっていきましょう。

「どう生きたいか」を考える

仕事において「段取り八分」というように、人生においても準備は大切です。人生後半に向けて計画を立て、戦略を考えておきましょう。

人生後半は長いので、自分の心身の状態はもちろん、おかれている環境や周囲の状況も、年代によってまだまだ変化します。それらをある程度、前もって把握したうえでプランを練ることが大切です（22・23ページ「人生後半のシミュレーション」参照）。

ただし、それらの変化に合わせて自分の意思を曲げたり、やむを得ない状況だとあきらめたりする必要はありません。「自分はどう生きたいか」「これからどういう暮らしがしたいか」を中心にすえて、あらゆる事情との調整をはかっていくことが重要です。

自分の意思を貫き、自己実現をするには、やはりなすべきことはさまざまあり、問題も起こってくるかもしれません。工夫や努力も必要になってくるでしょう。そうして一つひとつ解決することで、やがて思いはかなっていくものです。

情熱のもてる自分の生き方、心から楽しめる暮らし方を見つけておくことが、最も重要です。

すでに見つけられている人もいれば、今までそのようなことを考える余裕もなかったという人も多いでしょう。また、ちょっと考えたぐらいでは、わからない場合もよくあります。繰り返し、繰り返し、自分の心に問いかけてみてください。24・25ページのワーク「人生後半の目標、夢を描く」や、39～42ページの「チャートでわかる！　人生後半、あなたに向いているのはどんなこと?」がそれをサポートします。

人生後半を共にするパートナーがいる場合は、お互いの望む生き方、暮らし方を知っておきましょう。さらにそれを認め合うことが大切です。知っているつもり、わかったつもりになっていないか要注意です。

パートナーや家族といっしょに、それぞれの今後の人生や暮らしについて望んでいることを、じっくり話し合う機会をもつのがおすすめです。ポイントは、明るい雰囲気づくりを心がけること。自分だけが話したりせず、相手の話もよく聴くこと。そして、できるだけ頭から反対、否定をしないことです。夫婦や家族は円満がなによりです。

人生後半のシミュレーション

米国のダートマス大学、デービッド・ブランチフラワー教授の研究によると、50歳の手前が最も幸福度が低く、82歳頃が最も高くなるそうです。今や人生は100年。人生後半をシミュレーションしてみましょう。

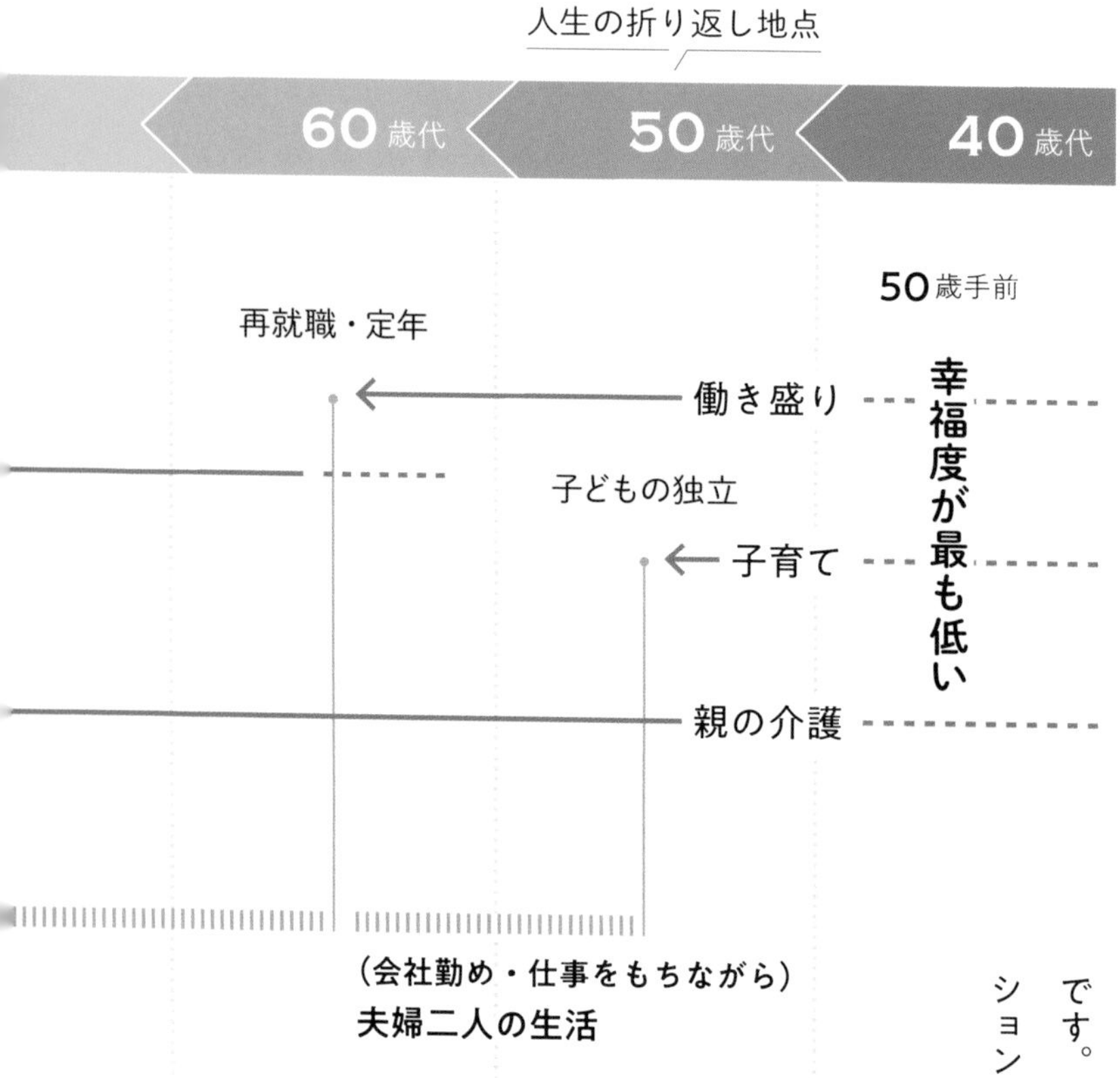

ポイント 1

50歳の手前の幸福度が最も低いのは、まだまだ仕事や子育てに忙しく、経済的な面などでの悩みも多いからだそう。82歳頃になると、人間的な内面の成熟とともに悩みからも解放され、自身の人生を生きているという感覚が味わえるようです。

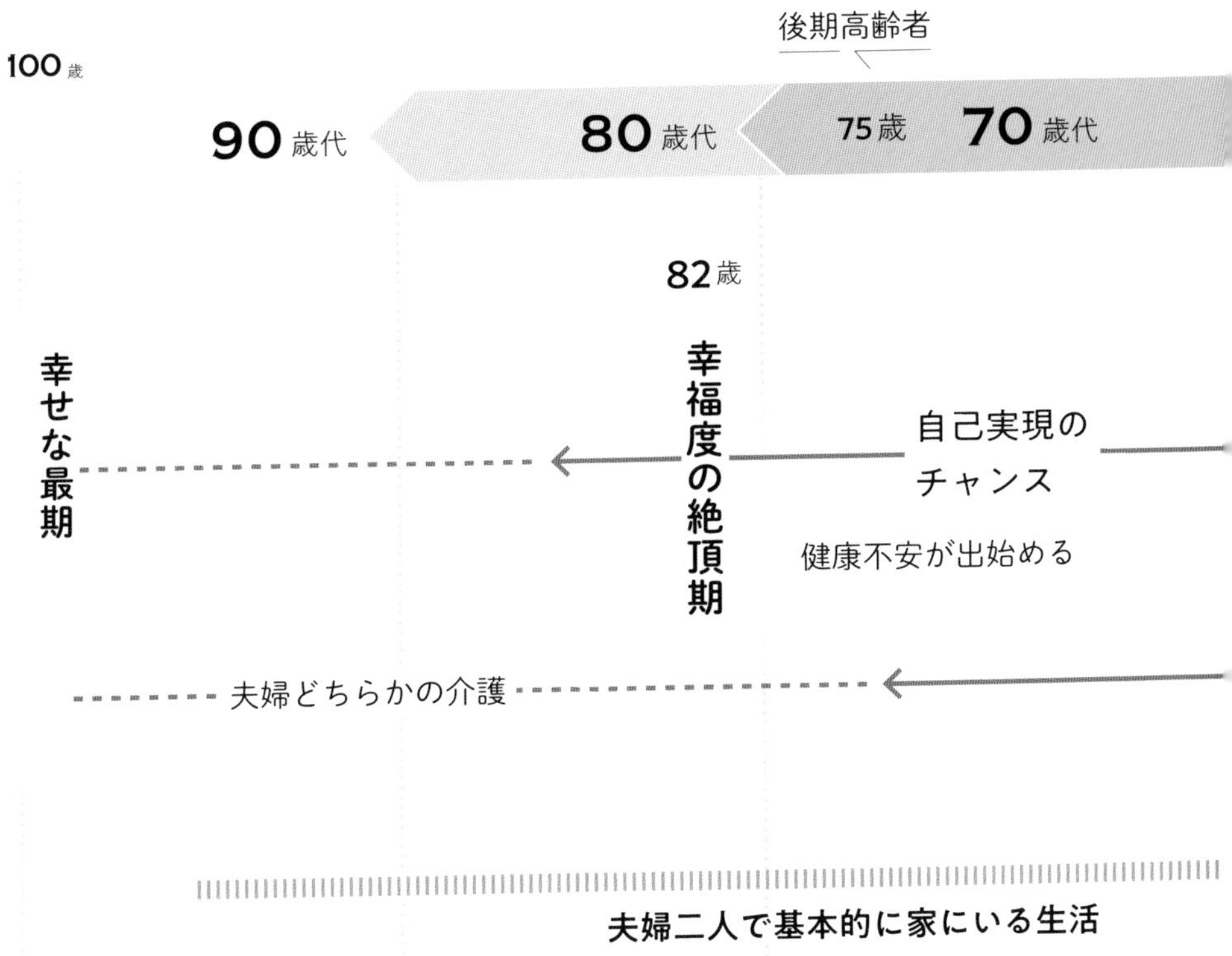

ポイント2

できれば最期まで自宅で生活し、自分の力で入浴や排せつができる状態でいたいもの。そのためには、よい在宅医やケアマネジャーとの出会いを積極的に求めることが大切。

ポイント3

幸せな最期とは、走馬灯のように浮かぶ思い出が素敵なシーンばかりであること。生まれ変わっても自分でいたいと思うことができ、後悔のない満足のいく人生であることです。

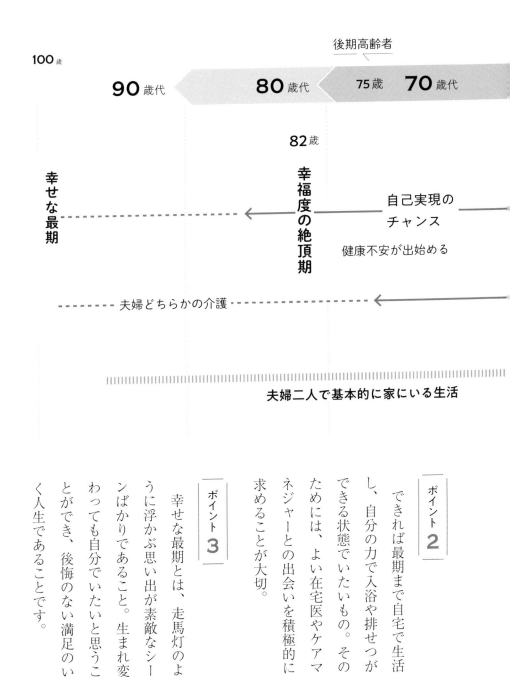

WORK

人生後半の目標、夢を描く

条件（時間、家族や周囲との関わりなど）にとらわれずに、素直な気持ちを書いてみましょう。

これからは、どんな人生にしたいですか？

大切にしたいことや目標を書いてみましょう。

例）「人との関わりを大切にしたい」

「自分軸のある生き方をしたい」

これからどんな夢をかなえたいですか？

実際にかなう・かなわないは気にせず、わくわくすることを書いてみましょう。

例）「世界の人々、文化にふれたい」

「外国人観光客向けのペンションをつくりたい」

やりたいと思うことを具体的に挙げてみましょう。

実現できそうな目標を書いてみましょう。

例)「何か国家資格を取りたい」

「本に囲まれ、読書にふけりたい」

家のことで変えたいと思うことを具体的に挙げてみましょう。

住まいのちょっとしたリフォームや生活の見直しで、
すぐに改善できそうなことを書いてみましょう。
例)「狭いリビングを広くして、知人を招きたい」
「家事の時短で自分の時間をもちたい」

「生きたい人生」のための住まい

これからの人生や暮らしの希望が見えてきたら、それらに連動させて住まいを考えていきましょう。「どんな人生、暮らしにしたいか。それらをかなえるには、どんな住まいが必要か」という視点が大切です。

希望の人生や暮らしをかなえるためには、まず住まいを変えてしまうのがかしこい方法です。人の意識や行動は、自分の意思ではなかなか変えられないものですが、おかれている環境をまず変えてしまえば、それに合わせて意識や行動も変わっていきます。孟子の言葉に「居は気を移す」とあるように、人は住む環境によって自然に感化されるのです。

そこで、現在の住まいをどのように変えたいかを考えてみましょう。「駅や商店街などに近い便利なところに住みたい」「自然環境のなかで暮らしたい」など、立地も含めて考えます。

思い切って変えたいのなら、住み替えや規模の大きなリフォームとなります。住み替えの場合は、現在の土地で建て替えるか、引っ越しをするか。引っ越し先は新築か中古か。中古をリフォームするという手も考えられます。戸建てにするかマンションにするか、持ち家か賃貸かというのも大切なポイントです。

50歳代の時点から、老化や病気などで体が不自由になったときのことを考え、住まいに具体的な対策をしておこうとする人も多くいますが、今はまだアクティブに行動し自己実現を果たせるようにすることが最優先です。

実際に健康に不安を感じ始める70歳代ぐらいから、高齢期に向けた住まいの変更、実際の体の状態に即した設備の導入などを検討するとよいでしょう（30・31ページ「住まいの変更計画の例」参照）。今の時点ではこのときに備えて、柔軟に変更できるようなプランや仕様などを考えておくと安心です。

そのために、最期のときをどこでどのように過ごしたいかは、今からイメージしておきたいものです。とくに自宅か高齢者施設かの選択は、これからの人生や住まいの計画において重要になります。

もしも、現在の住まいが快適で、とても気に入っているのであれば、無理に住まいを変えようとする必要はなく、そのまま住み続けるのも一つの選択肢です。人生や暮らし方を見直したうえで、必要なお手入れや、ちょっとしたリフォームを行うとよいでしょう。とくに老朽化対策はタイミングよく行う必要があります（36〜38ページ参照）。

住まいの大切な条件

住まいは、自己実現の場であると同時に日常生活を送る場でもあり、一日の疲れを癒やし、明日へのエネルギーをつくるという大切な役割があります。

安全性や機能性、快適性はもとより、家族とのコミュニケーションが自然にとれることも重要で、これらがかなっていてこそ、日々の生活での幸福感を得ることができます。住まいのあり方によって、健康状態、生活習慣、家族の信頼関係の強さなどにも違いが生じるのです。こうしたことから、住まいには人間形成、ひいては、人を育み成長させる「住育」という、目には見えない大きな力が働いているといえます。

よい住まいをつくるポイントは大きく5つあります。

（1）命や財産を守る**耐震性**と**防犯性能**が十分であること。

（2）**家族の気配**を感じ、いつでも**声をかけやすい間取りやしつらえ**であること。

（3）毎日の**家事がスムーズ**で、**はかどる間取り**であること。

（４）片づけや収納がしやすく、いつも**部屋がすっきり**としていて、**ストレスがない**こと。

（５）**快適な温度・湿度**で過ごすことができ、**結露の防止**や**省エネルギー**をかなえる**断熱性能**が備わっていること。

人生後半の住まいは、こうした日々の生活と住まい、人生と住まいの関係をおさえたうえで、改善策（リフォームや建て替えなど）を検討しましょう（32・33ページのワーク「現在・将来の自宅を考える」参照）。

人生100年時代の住まいを考えることは、暮らし方を考えることです。人生後半の長い自由時間を手に入れた今、アクティブに活動できる期間をのばし、体力に衰えを感じる期間、介助や介護を要する期間を短くする住まいを考え、ぜひともそのような暮らしを実現させたいものです。

愛着のあるわが家にそのまま住み続けるのもよし。生き方に合わせた住まいのリフォーム、新たなライフステージを求めての住み替えなどもよいでしょう。

生き方、暮らし方、住まいを柔軟に見直すことによって、充実した価値ある人生を送ることができるのではないでしょうか。

住まいの変更計画の例

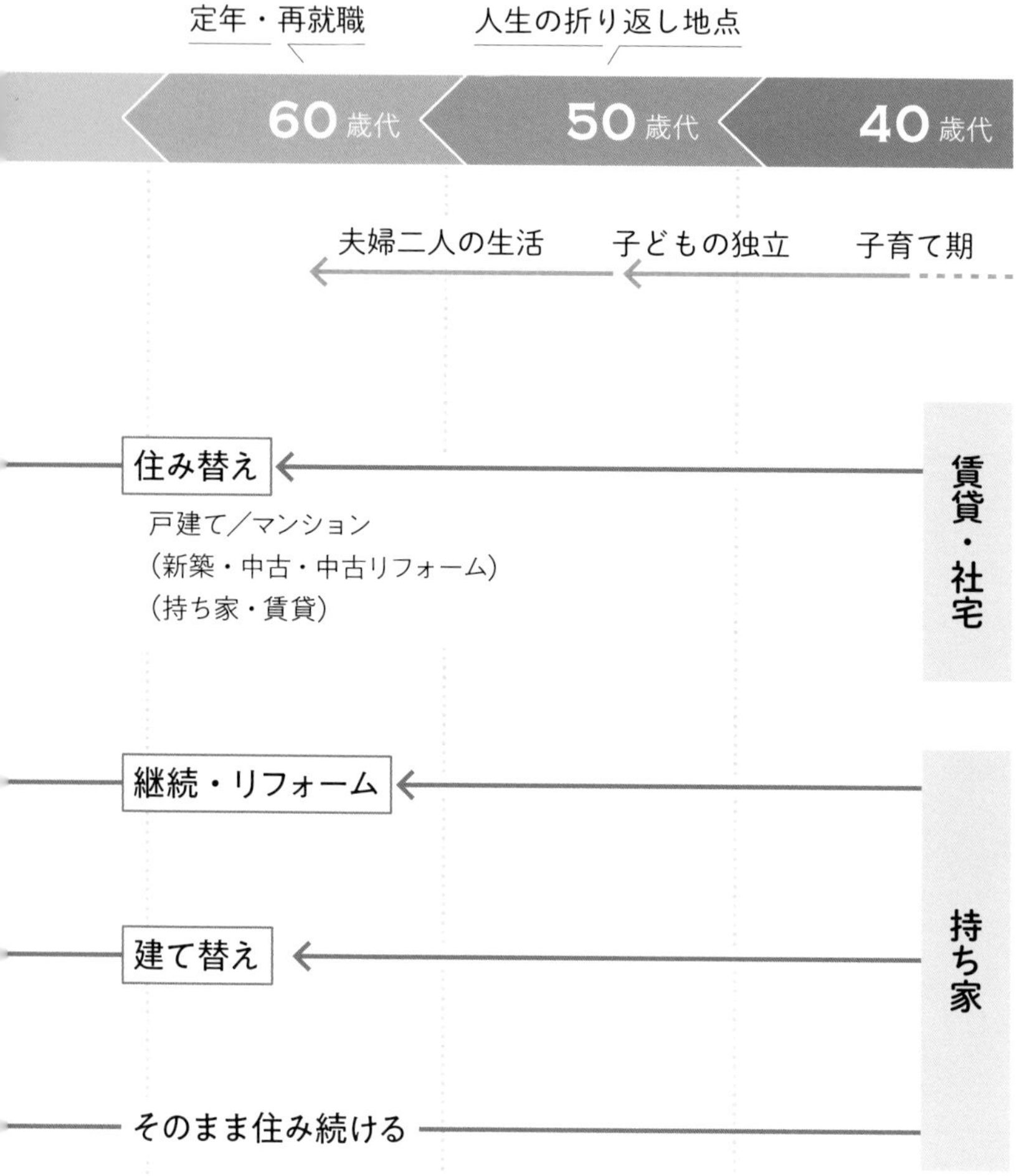

持ち家がある場合は、後々どうするか、早めに決めておきましょう。売るにしても貸すにしても、買い手・借り手がつきやすい条件かどうかを見極めることが大切です。

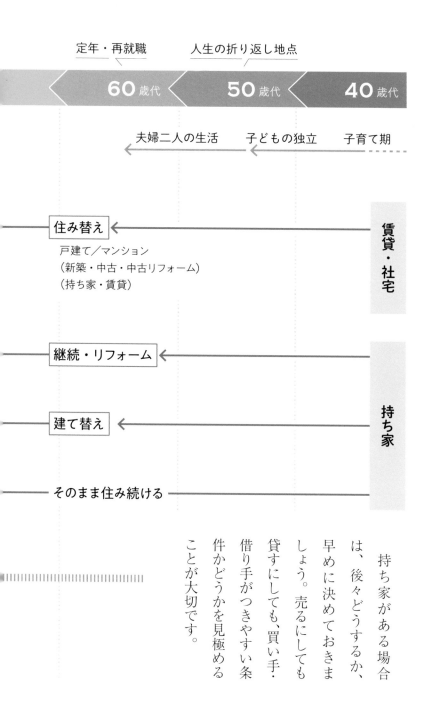

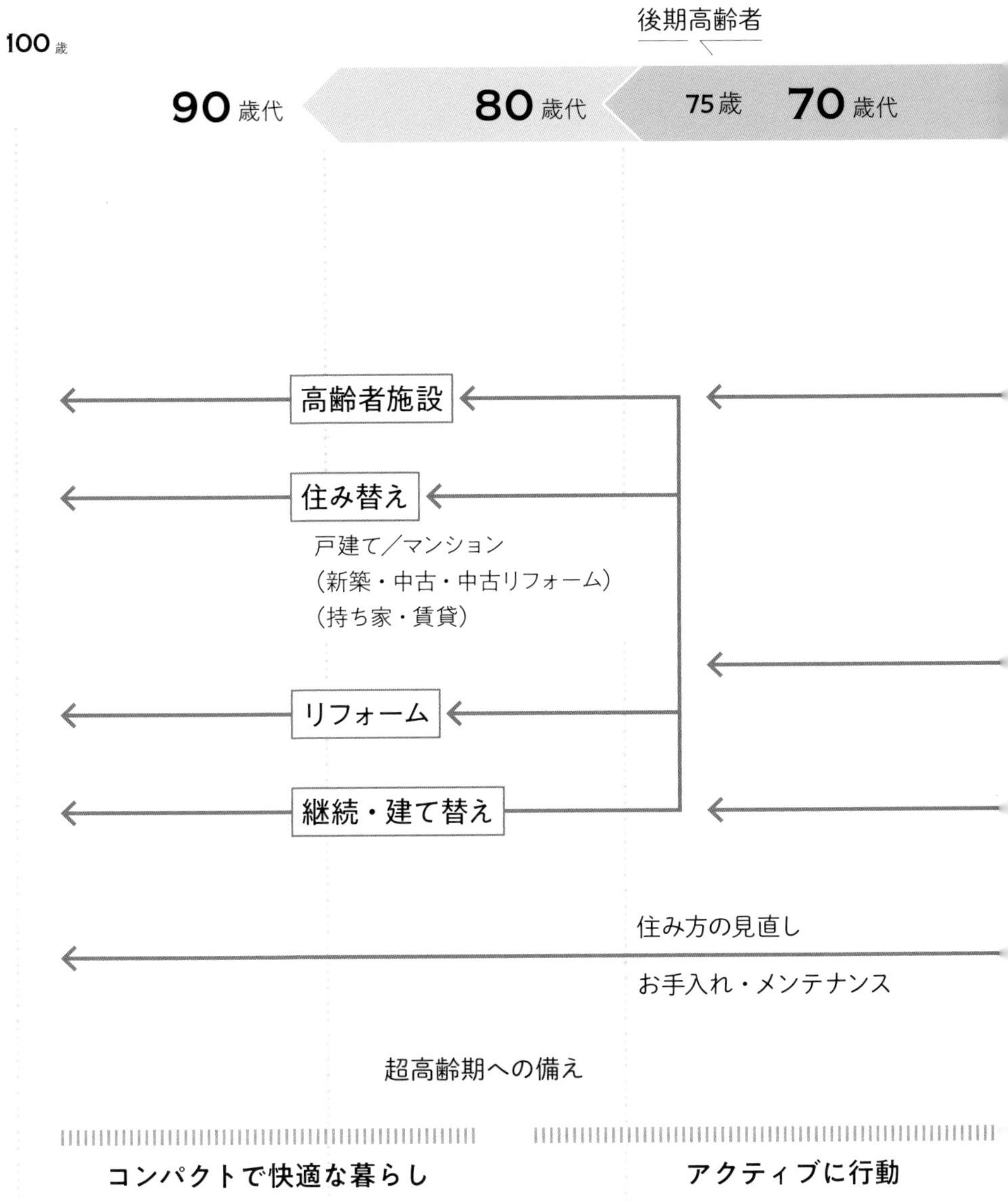
後期高齢者
100歳
90歳代
80歳代
75歳
70歳代
高齢者施設
住み替え
戸建て／マンション
（新築・中古・中古リフォーム）
（持ち家・賃貸）
リフォーム
継続・建て替え
住み方の見直し
お手入れ・メンテナンス
超高齢期への備え
コンパクトで快適な暮らし
アクティブに行動

WORK

現在・将来の自宅を考える

現在の自宅を見直し、将来の住まいの計画に活かしましょう。

現在の自宅の気に入っているところを挙げてみましょう。

例）「小さいながらも庭がある」「駅がすぐそばにある」

現在の自宅の改善したいところを挙げてみましょう。

例）「収納スペースが少ない」「トイレが寝室から遠い」

将来は、どんな住まいにしたいですか？

例）「モノが散らからない住まい」
「機能がコンパクトに集約された住まい」

現在の住まいをどうしたいですか？

該当する項目の □ に ✔ をつけましょう。

□ リフォームしたい

□ 建て替えたい

□ 手放したい（引っ越したい）

□ このままでよい

□ その他（　　　　　　　　　　　　　　　　）

WORK

これからの人生と住まいの計画

30・31ページ「住まいの変更計画の例」を参考に、これからの住まいの計画を立てましょう。それと連動させて、50～60歳代、70～80歳代、90歳代以降の人生の目標・夢を描いてみましょう。

50～60歳代

目標・夢

（例）
・週3回以上の水泳
・月1回の夫婦旅行
・SNSでの自己啓発＆仲間づくり

住まいの計画

（例）
・子ども部屋を書斎にリフォーム
・リフォームでアトリエをつくる

90歳代以降

目標・夢

（例）
- 自分の足で歩く
- 最期は自宅で

住まいの計画

（例）
- 浴室、洗面室、トイレをリフォーム
- 寝室にトイレを設置

70～80歳代

目標・夢

（例）
- 家庭菜園をつくる
- 絵画展に応募し入賞する
- 地域の交流会に入る

住まいの計画

（例）
- 自宅の庭の改造
- 玄関アプローチの手すり設置

TOPIC

同じ家に住み続けるのもよい選択肢

リフォームで空間をガラリと変える

住宅はファッションと違い、気に入らなくなったからといって、すぐに買い替えるわけにはいきません。望ましいのは、現在の住まいに愛着があり、手入れやリフォームをして快適に住み続けたいという思いです。

今後、建て替えをするか、大規模なリフォームをするかで迷っているとしたら、住み始めたときからしっくりとしていなかった、あるいは、ライフステージが大きく変わったことで、これからの自分たちの人生計画に合わないということでしょう。買い替えたいのは〝住宅〟ではなく〝生活空間〟なのではないでしょうか。

最近のリフォームの技術は、設計面、施工面ともに進歩していて、空間をガラリと生まれ変わらせることが可能になっています。自分らしい暮らしと活動の場を新たに創造するために、リフォームという選択は十分に考えることができます。

同じ家に長く住み続けるためには、見えるところだけでなく、構造の部分も整えることが大切です。経験のある工務店に依頼すれば、基礎や構造の強度不足、材料の腐朽など、ほとんどのことが解決できます。

【木造住宅のリフォームのポイント】

とくにおさえておきたいポイントは次の5つです。

①**劣化対策**：壁や柱に腐朽、蟻害がないこと。床下の防湿、換気の基準が確保されていること。（老朽化が気になる場合、外壁面からの水の浸入、浴室など水まわりの土台部分の腐朽、シロアリ被害などの劣化を含めた、リフォームの事前調査や見積もりが必要になります。）

②**耐震性**：1981年から現在の耐震基準へと強化。それ以前の住宅は要チェック。

③**維持管理・更新の容易性**：配管をコンクリート内に埋め込まない。排水管が適正であること。

④**省エネルギー性**：最近の省エネ基準以下の住宅で改良しにくい場合、窓の断熱改修によって向上させる。

⑤**バリアフリー**：寝室の階にトイレがあること。手すりの設置（トイレ、浴室、出入り口、脱衣室など）。

【マンションのリフォームのポイント】

マンションリフォームの場合は、構造によってポイントが異なります。

とくに水まわりがどうなっているか、マンションの管理組合などから図面を借りて確認、検討しましょう。場合によっては、水まわりの位置変更が大きく制限されることがあります。

水まわりの変更にともなって換気ダクトの設置が必要ですが、梁などが障害にならないかの検討も必要です。

＊耐震診断のすすめ＊

耐震診断とは、建築基準法や建築基準法施行令などの法令で規定されている現行の耐震基準をもとに、既存の建物の耐震性能を確認することを目的とした診断です。

耐震性能に不安のある建物も、その性能がどの程度なのかを把握することができ、建物の長期的な利用や維持管理に役立ちます。

耐震診断を希望する場合は、専門家に相談するとよいでしょう。

チャートでわかる！

人生後半、あなたに向いているのはどんなこと？

子育て・仕事などから解放される後半生、どんなことを主軸において生きていくのが最も充実するのでしょう？ 各設問に対し、近いほうの答えの番号を選び進んでいってください。

スタート
幼い頃、兄弟姉妹や近所の子などとケンカはした？
・けっこうした … ❻へ
・あまりしなかった … ❹へ

❷ 保育園や幼稚園に行くことをいやがったことは？（通園しなかった人は❸へ）
・めったになかった … ❿へ
・よく、もしくはわりとあった … ❸へ

❸ 小学校低学年のとき、給食を残すなど、食が細いほうだった？
・はい … ⓫へ　・いいえ … ⓰へ

❹ 10時の時報が鳴ったとします。どちらでしょう？
・午前 … ❷へ　・午後 … ❼へ

❺ 小学校高学年や中学時代は、どちらかといえば優等生だった？
・はい … ⓬へ　・いいえ … ⓮へ

❻ 渦巻きを1つ描いてください（想像でもOK）。さて、描き始めは？
・内側から … ❽へ
・外側から … ❷へ

❼ 小さい頃、親にかわいがられたという思いは？
・かなり強い … ❸へ
・あまりない … ❾へ

❽ 小学校入学時の記憶は？
・わりとはっきりしている … ❺へ
・全然記憶にないか、ぼやっとした感じ … ❿へ

❾ 小学校高学年の始業前や昼休み、いることが多かったのは？
・校庭 … ⓫へ　・教室 … ⓭へ

チャート診断作成／ハート&マインド

⑩ 小学校高学年から中学生にかけて親に反抗的な態度をとることは？

・けっこうあったと思う … ⑯へ
・あまりなかったと思う … ⑭へ

⑪ 小学校高学年から中学生にかけて、けがや病気以外で学校に行かなくなったことは？

・ほとんどない … ⑱へ
・あった … ⑮へ

⑫ 私服時のボトムは、どちらのことが多いでしょう？

・パンツ … ⑰へ
・スカート … ㉒へ

⑬ 中学・高校時代、好きな人にチョコレートやプレゼントを渡したことは？

・ある … ⑮へ　　・ない … ⑲へ

⑭ 木に鳥がとまっています。1分後はどうしている？

・飛び立っている … ㉒へ
・止まったまま … ㉖へ

⑮ SNSなどで自分のことを不特定多数にオープンにするのは？

・すごく抵抗がある … ㉓へ
・そこまで抵抗はない … ⑳へ

⑯ 学校の勧めではなく自分の意思でボランティア活動に携わったことが一度でもある？

・はい … ㉖へ　　・いいえ … ⑱へ

⑰ テレビなどで戦争を見たり聞いたりしたとき、どちらの感情が強い？

・ショックや怒り … **Aタイプ**へ
・悲しみや恐怖 … ㉕へ

⑱ クラブやサークルなどへの加わり方、どちらのことが多い？

・恩や縁で … ㉔へ
・理屈やメリットで … ⑳へ

⑲ 何か問題が起きたとき、とりあえずするのは、どちらのことが多い？

・即、本やネットで調べる … ㉓へ
・まずはよく考える … **Fタイプ**へ

⑳ 黄色のシャツに紺のパンツのコーデ、どちらかを白に変えるなら？

・パンツのほう … **Dタイプ**へ
・シャツのほう … **Eタイプ**へ

㉑ モノを処分するとき、最後のほうまで残しておきそうなのは？

・大好きなモノや思い出の品 … **Bタイプ**へ
・資産価値、
利用頻度の高いモノ … **Cタイプ**へ

Aタイプ　世のため世界のために

視野が広く行動半径も広いあなた。志の高いところもあるようなので、仕事・家事などから解放されると、世界平和など理想を求めて羽ばたきたくなるでしょう。難民救済に力を尽くしたり、温暖化など環境悪化を食い止める活動に携わったり…。できることは限られてはいるものの、少しでも役立てた、一翼を担えたという喜びは、あなたの心に深く刻まれ、長きにわたり関わっていくでしょう。

Bタイプ　人助けに身を捧げる

気さくでフットワークの軽いあなた。それに心優しく、困っている人を見れば黙っていられない傾向も…。そんなあなたが最も重視すべきなのは、人助け。その日の食べるものも十分にない子どもたち、一人暮らしのお年寄り、困難に苦しむ人々の力になってあげるのです。相手の感謝の言葉が何よりうれしいし、さまざまな人の生き方から学ぶことも多く、後半生を生き抜く力となるでしょう。

◆診断結果

22 十数年後に、一般人でも宇宙に行けるようになったとしたら?
- もちろん行きたい … **25**へ
- やめておく … **21**へ

23「夢」と聞いて、瞬間的にどちらを思い浮かべる?
- 寝ている間に見る夢のほう … **Eタイプ**へ
- 空想的な願望のほう … **Fタイプ**へ

24 この世からパソコンやスマホがなくなったとして、まず感じるのは?
- 不便さ … **Cタイプ**へ
- つまらなさ … **Dタイプ**へ

25 何かのチームでどちらかの役割を担うとしたら?
- リード役 … **Aタイプ**へ
- フォロー役 … **Bタイプ**へ

26 後輩や年下の面倒をみたり、世話を焼いたりすることは?
- けっこうある … **21**へ
- あまりない … **24**へ

Eタイプ　学びを極める

あなたは好奇心が旺盛で、いろんなことを見たり聞いたりすることが大きな喜びになる人と思われます。社会性が豊かなタイプではないものの、新たな知識・情報を得るためには、講習会・講演会など、さまざまな機会をとらえて深く学び取ろうとするでしょう。そうです､学びを深めるための行動･取り組みこそ後半生のハイライト。在野の研究者を目指すのもグッドです。

Fタイプ　創作に打ち込む

あなたは感受性が豊かで考え深い人のよう。幼い頃から空想に浸って想像の翼を広げることが好きだったことでしょう。また、個性的なタイプなので、周りと折り合いがつきにくく教室や職場などで浮いてしまうことも…。でもそんな経験こそ、あなたの独自性を強化し創作活動へと向かわせる要因に。仕事・家事などから解放され、自由な時間が多くなった後半生、まさに自己実現のチャンス。

Cタイプ　地域のために役立つ

あなたは真面目で責任感の強い人でしょう。現実的でもあるので、後半生、まずは自分の足元をしっかり見つめて歩んでいこうと考えるはず。自分の家はもちろん、身近な所をきれいにしたい、安心・安全な生活環境をつくりたいなど、町会・自治会活動、住民ネットワークづくりなどに励んだりすることでしょう。そんなふうに身内や地域の信頼を得て生きていくことに大きな価値を見出すことに。

Dタイプ　好きを楽しみ倒す

陽気で楽天的な傾向の強いあなた。若い頃から楽しいこと、面白いことを好み、多くの趣味をもって暮らしてきたことでしょう。先々をあまり心配しないタイプなので、老年に近づいてもこの傾向は変わらず、金銭的な余裕もあって、シニアチームをつくったり、地域の交流会の世話役になったりするなど、楽しいことにいっそうのめり込む、そんなジョイフル・ライフこそあなたの後半生にピッタリ。

第2章

50歳からの住まいプランの基本

01

モノに煩わされず、豊かに

できるだけ早くモノを減らす

家の中のモノがすっきり片づいていると、快適に気持ちよく暮らせます。50歳からの人生を幸せにするために、家の中のモノと向き合ってみましょう。

すっきり片づかない大きな原因の一つは、モノの多さです。いらなくなったモノは捨て、必要なモノや好きなモノだけを残します。ライフステージが変わり、これまでとは違う暮らし、人生を送ろうとするのですから、必要でなくなるモノも多いはずです。

住まいの中の主役は、そこに住まう人。モノにスペースを占領されてしまうのはもったいないことです。住み替えの際の新築やリフォームのことを考えても、モノを置くスペースにかけるコストは、できるだけ削減しましょう。後々に、〝実家（親）のモノの片づけ〟で子どもたちに苦労をさせないためにも、できるだけモノを減らすことが大切です。

「いる・いらない」を判断したり、捨てたりするのには、思いのほか時間とエネルギーが必要です。50歳代の早いうちから着手しておくようにしましょう。

子どものモノを整理・処分する

子どもが巣立った後でも、子ども部屋とその中のモノをそのままにしている家は多くあるようです。子ども部屋が倉庫と化し、さまざまなモノがさらに詰め込まれ、ますますモノが増えるという事態も考えられます。ここは一つ、早めに整理・処分しましょう。

子どもが巣立つ前に、本人と相談して行うのが理想的です。思い出のモノは厳選して、思い出のコーナーに飾る、写真におさめて現物は処分するというのも一案です。

子どもが帰省したときの寝泊りは、子ども部屋ではなく、例えばリビングにつながる和室などを考えます。

モノがなくなってすっきりとした子ども部屋は、自分のこれからの人生のために、ぜひ有効活用しましょう。

片づけやすく、しまいやすいLDKの収納

家の中のムダなモノを省いていって残るのは、日常生活で使うモノがほとんどです。これらはLDK（リビングとダイニング・キッチンのある空間）に収納すると使い勝手がよくなります。というのも、LDKは日常生活のほとんどの時間を過ごす場所だからです。モノを使う場所の近くに収納スペースを設けると、取り出しやすく、片づけやすくなります。

部屋が散らかる大きな原因は、モノの一つひとつに収納のポジションが決まっていないこと。もしくは、そのポジションが使う場所からずれていることです。

LDKにしまうモノの例

1 家事用品	掃除機、ミシン、アイロン、日曜大工用品、荷造りひも、テープ類　など
2 食品	缶詰・レトルト食品など備蓄品、水、ボトル入り食品、根菜類　など
3 日常生活用品	ヘルスケア用品、ハンカチ・ティッシュ、アクセサリー　など
4 学び・事務関連	事務用品（文房具など）、パソコン、趣味用品、保証書、健康管理書類、事務・管理書類　など
● 収納の最上段	クリスマス用品、節句用品、花瓶、仏具　など

リビング収納

1 家事用品
2 食品
3 日常生活用品（引き出し）
4 学び・事務関連

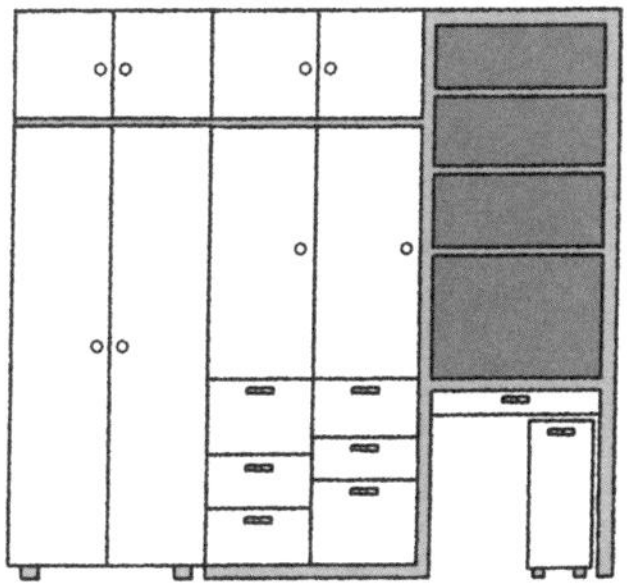

ＬＤＫの壁面に、モノをまとめてしまえる収納家具を備えることができればベストです。新築や大規模リフォームを行う場合に検討してみるとよいでしょう。
家事用品、食品、日常生活用品、学び・事務関連のゾーンに分け、しまうモノと場所を決めておきます。
家事用品ゾーンには、掃除用具やアイロン台などを収納。学び・事務関連ゾーンはデスクになり、パソコン作業をはじめ、ドレッサーとしても活用します。

キッチン収納

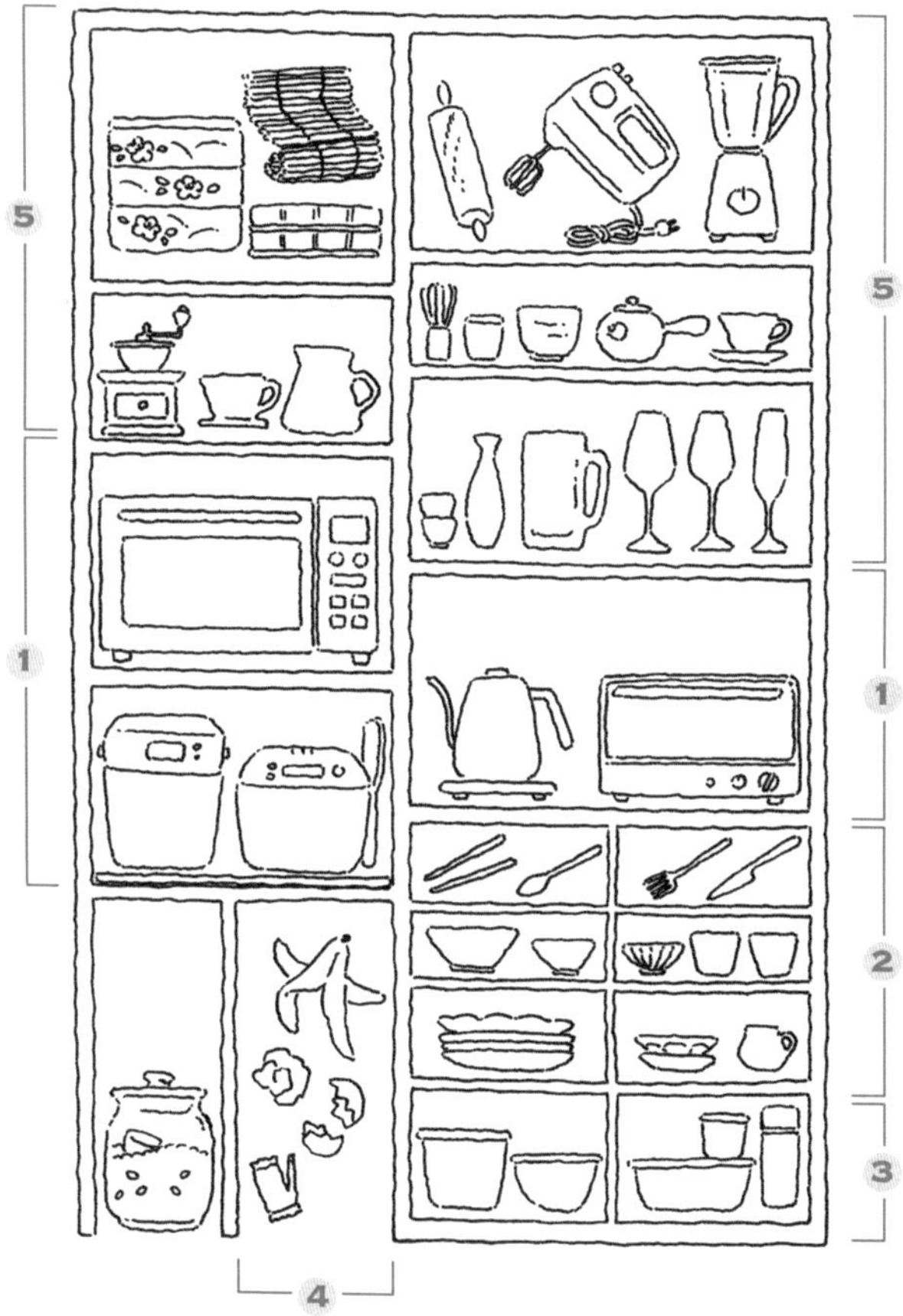

1 家電

2 食器

3 保存容器

4 ごみ箱

5 その他の
キッチン用品・予備

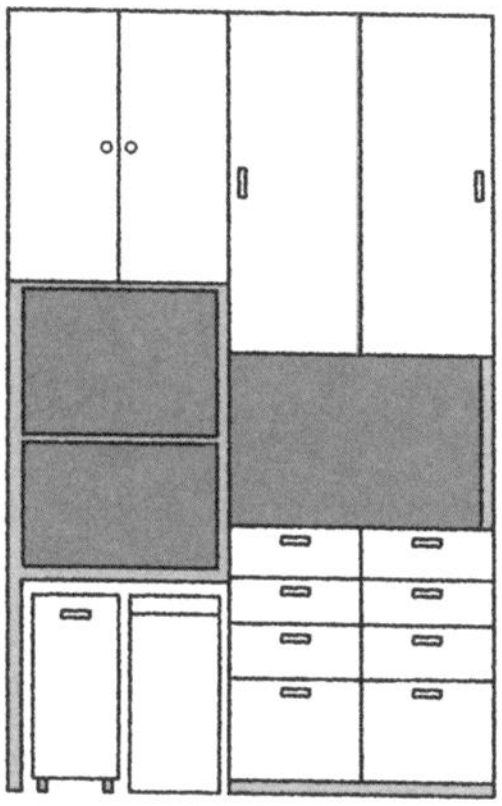

キッチンの壁面に備える収納家具の一例です。家電、食器、保存容器、ごみ箱、その他のキッチン用品・予備ゾーンに分けます。
家電ゾーンをスライド棚にしておくと、炊飯器から出る蒸気を避けることができます。普段よく使う器や皿などは、奥まで見える引き出しの食器ゾーンへ。保存容器ゾーンには、食品保存容器、水筒、弁当箱などを、予備ゾーンには、めったに使わない食器や調理器具などを入れます。

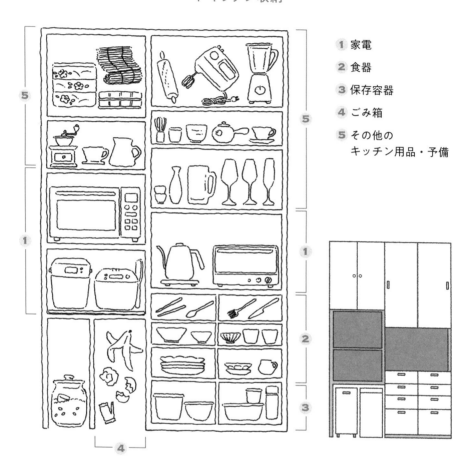

洗面・脱衣・洗濯室の収納

1 洗濯グッズ
2 タオル・リネン類
3 家族の下着
4 体重計
5 ストック
6 トイレ用品

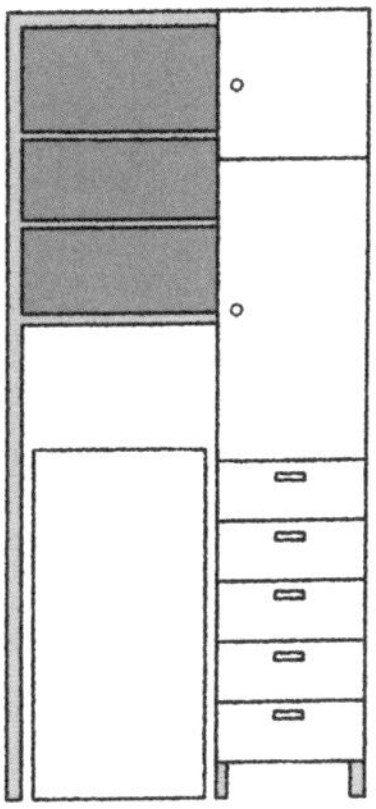

洗面・脱衣・洗濯室にも、収納家具があると便利です。「洗濯する→干す→たたむ→しまう」という一連の作業ができるのが理想的です。

洗面・脱衣・洗濯室の収納家具は洗濯グッズ、タオル・リネン類、家族の下着、体重計、ストック、トイレ用品のゾーンに分けます。

収納家具に引き出し式のアイロン台を設けると、さらに効率的で便利です。

P.46～49 出典：『家事・子育て・老後まで楽しい家づくり―豊かに暮らす「間取りと収納」』（宇津崎せつ子著／アートヴィレッジ）

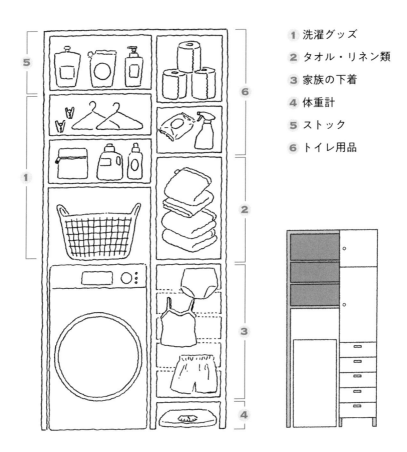

02

動きシンプル、家事ラクラク

「ながら作業」のできる住まいに

毎日の洗濯、食事の用意・後片づけ、掃除などの家事が、心地よい空間で手際よくできることは、よい住まいの基本的な条件です。

長く住み続けていると、不便な環境であってもそれに適応し、慣れてしまうこともよくあります。ただそれは、ストレスや、効率、安全面の問題など悪影響に気づけなくなってしまっているだけ。自宅に問題点がないかを見直し、便利、快適に暮らせるよう改善すれば家族みんなに笑顔が増え、毎日の生活、人生が変わることに気づけるでしょう。

住まいの便利さ、快適さの鍵を握るのが動線です。動線とは、住まいの中での人の動きを線で表したものです。朝起きてから夜寝るまでにムダな動きがなく、家族の同時使用でぶつかるといった混乱もないのが望ましく、できるだけシンプルで短い動線を描けるのが理想的です。

不便な動線でよく見られるのは、キッチンと、浴室、トイレ、洗面・脱衣・洗濯室が離れている例です。家事をするときの移動が長く、並行して作業を進めづらいため非効率となります。

また、2階にベランダ（洗濯物を干す場所）があり、1階の洗濯機から遠く、移動が大変なケースも。たくさんの洗濯物を持って急な階段を上がるとなると、危険もともないます。

一日の生活のなかで家族がそれぞれどのような動きをするか丁寧にシミュレーションし、動線、間取りを考えることが重要です。

家庭や家族によって生活習慣は異なるので、最適とされる動線は、住まいそれぞれにあります。

動線で家族のふれあいをうながす

動線は、よい家族関係を育むという面でも深い関わりがあります。

例えば、家族の個室が2階にある場合、玄関から階段に直行できるような動線であると、「ただいま」「おかえり」といった声がけが難しくなることがあります。

玄関からすぐにＬＤＫへとつながり、ＬＤＫを経由して階段を上がる動線にしておくと、家族が顔を合わせ、声をかけることができ、よい関係が生まれやすくなるのです。

✖ 好ましくない動線の例（戸建て）

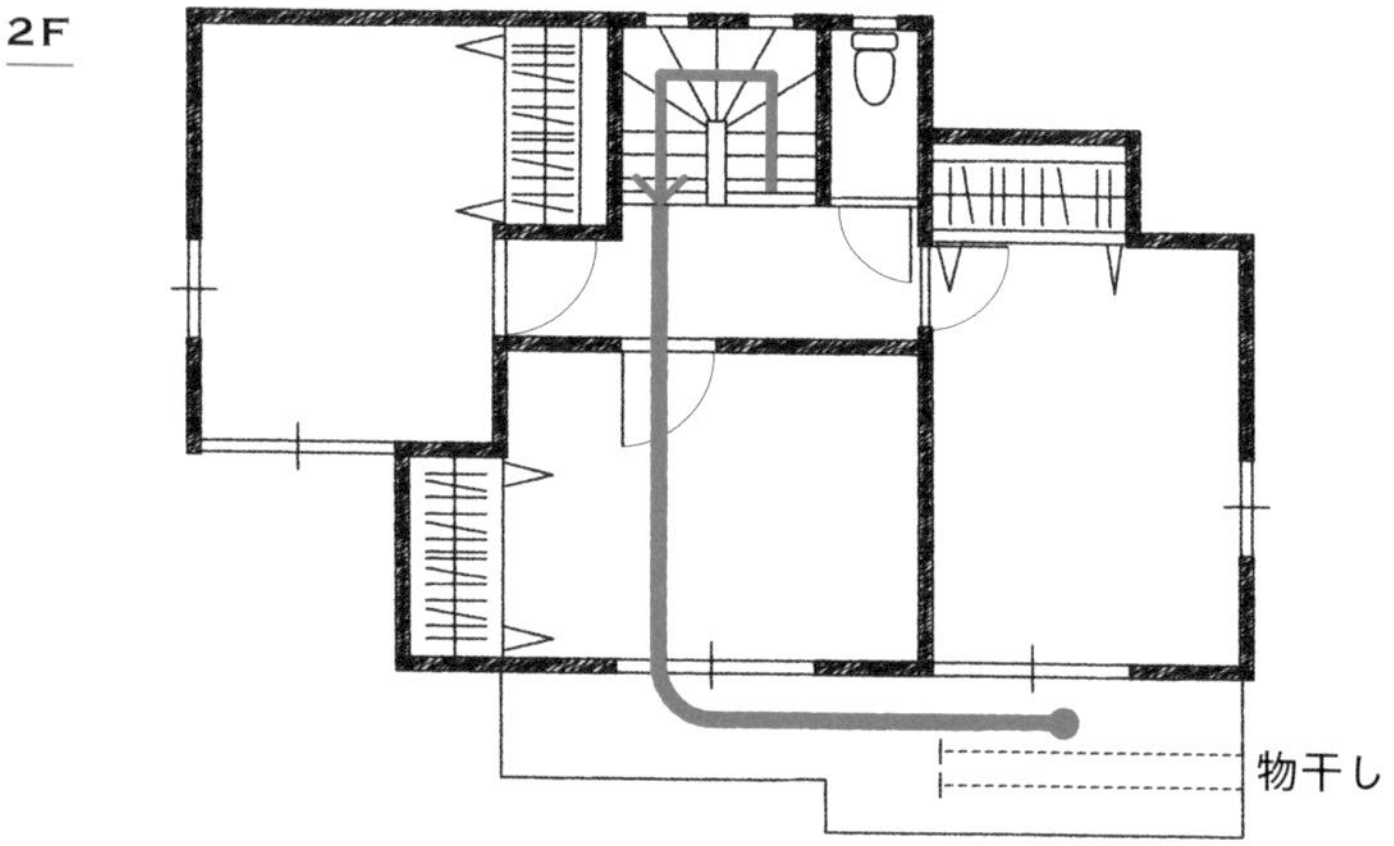

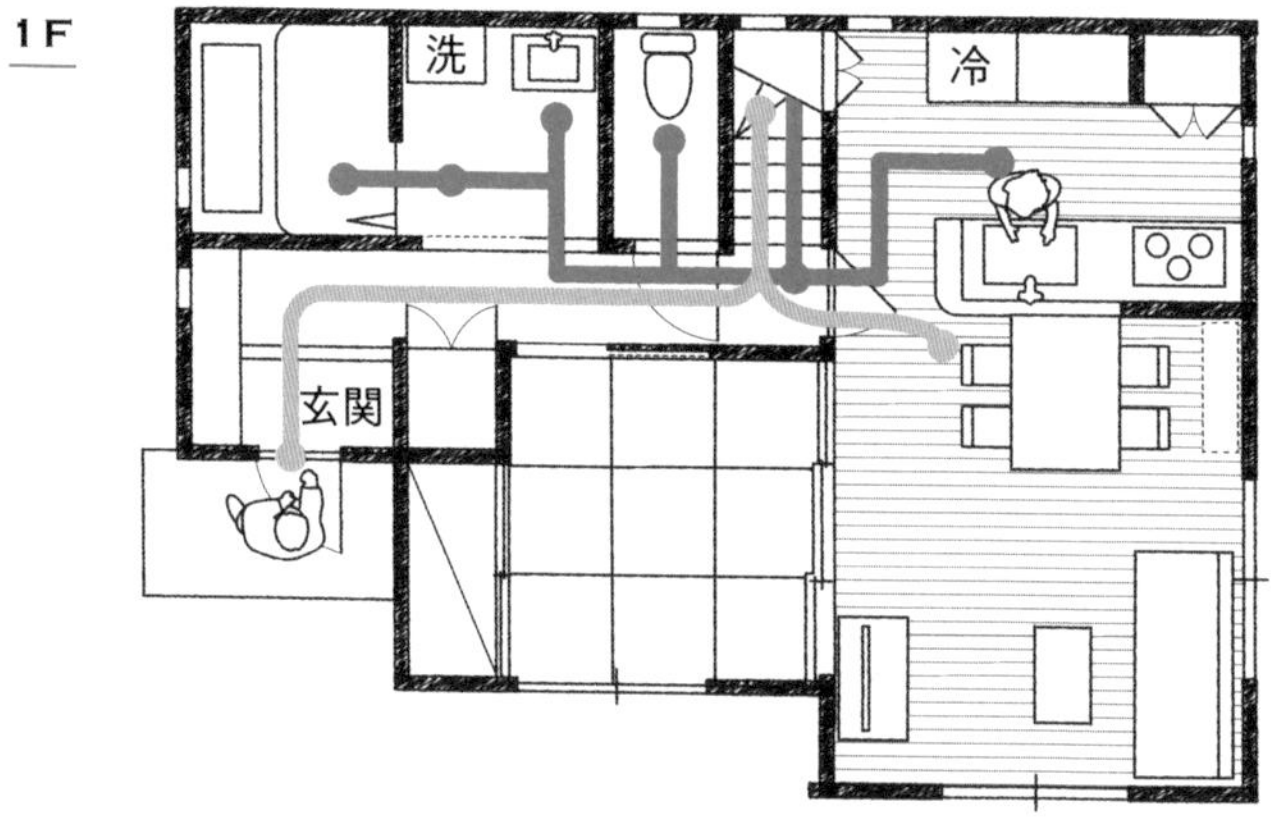

- □ 玄関からＬＤＫまでが遠く（廊下が長く）、暗い。
- □ 帰宅後、ＬＤＫの手前にある階段に直行すると、「ただいま」「おかえり」の声がけができない。
- □ キッチンと、浴室、トイレ、洗面・脱衣・洗濯室が離れているため、移動が長くて非効率。
- □ 洗濯機から物干し（２階のベランダ）までが遠く、移動が大変。さらに急な階段で危険。

✕ 好ましくない動線の例（マンション）

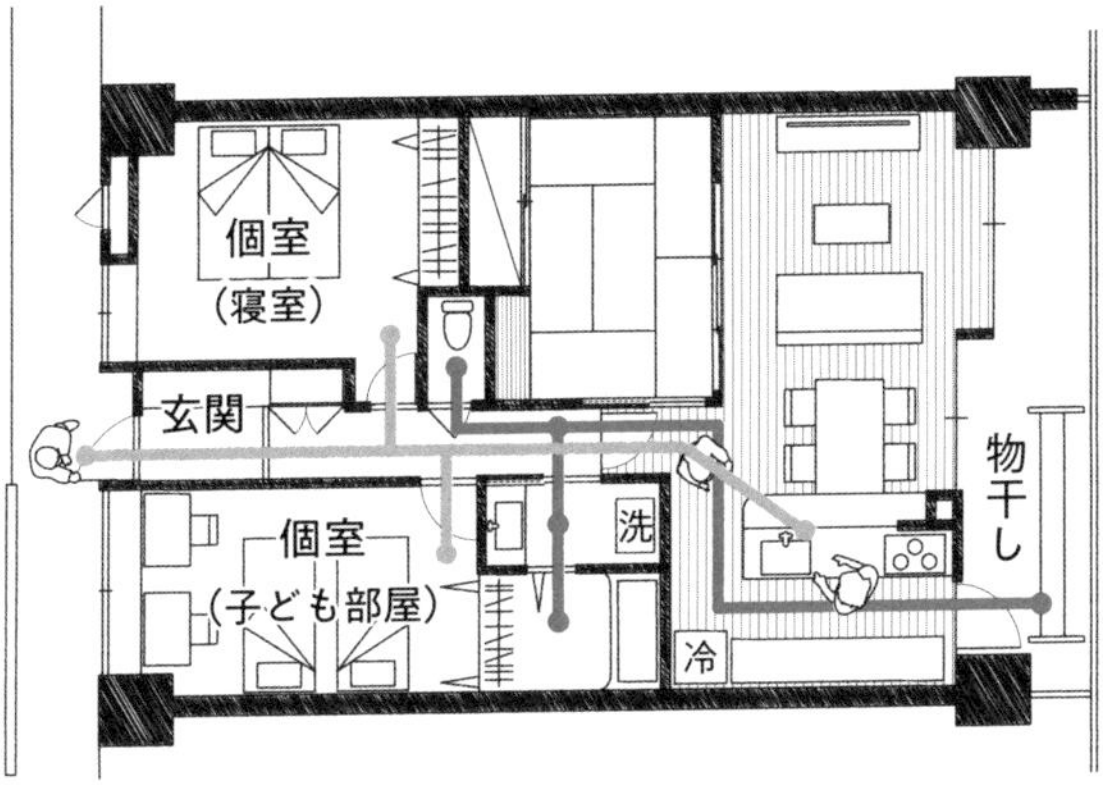

□ 玄関からＬＤＫまでが遠く（廊下が長く）、暗い。

□ 帰宅後、すぐに子ども部屋や寝室など個室に直行すると、「ただいま」「おかえり」の声がけができない。

□ キッチンと、洗面・脱衣・洗濯室、浴室、トイレが２つの扉で隔てられ、動線が屈折しているので非効率。

○ 好ましい動線の例

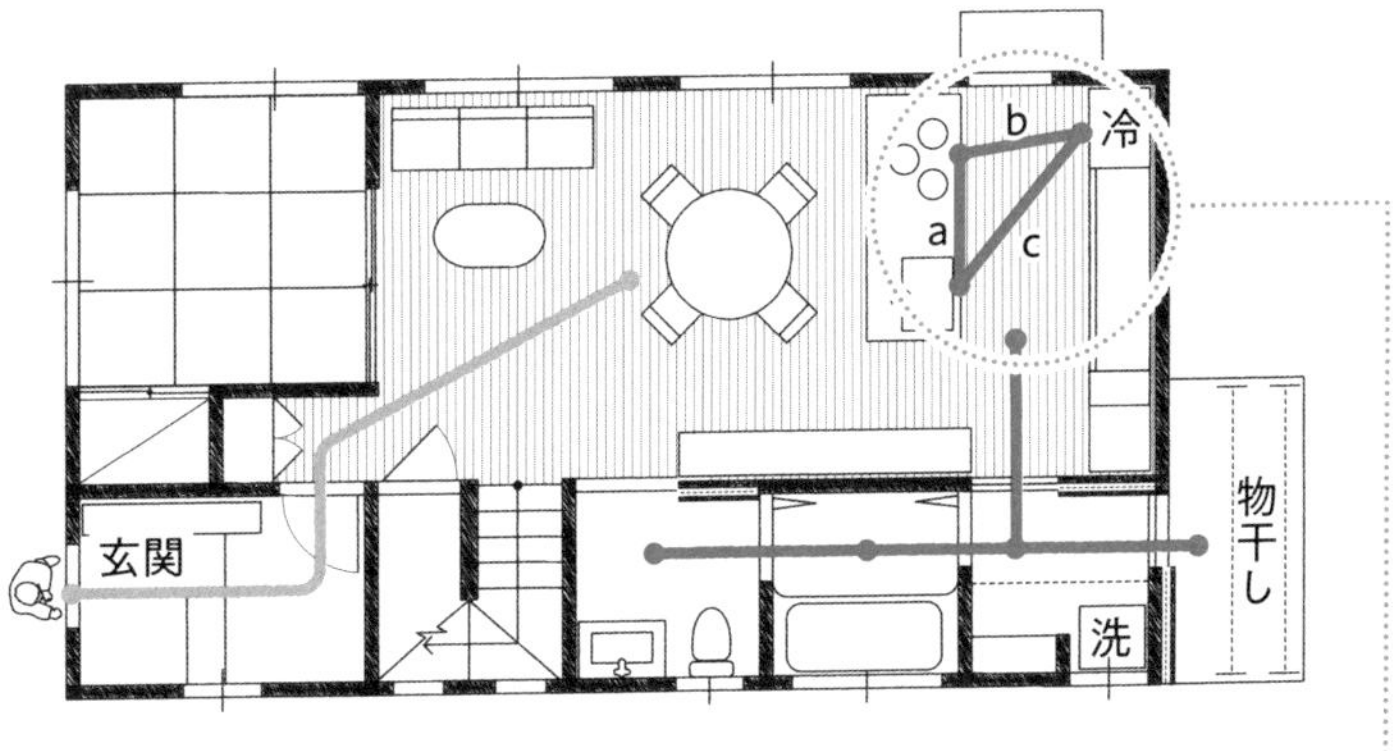

キッチンと洗濯・浴室、トイレ・洗面が近く、効率的な動線です。
キッチンの「シンク」「コンロ」「冷蔵庫」の3点を結んだ三角形の3つの線（a、b、c）の長さを足して360～600cm程度になるのが理想的です。

動線の改善アイデア

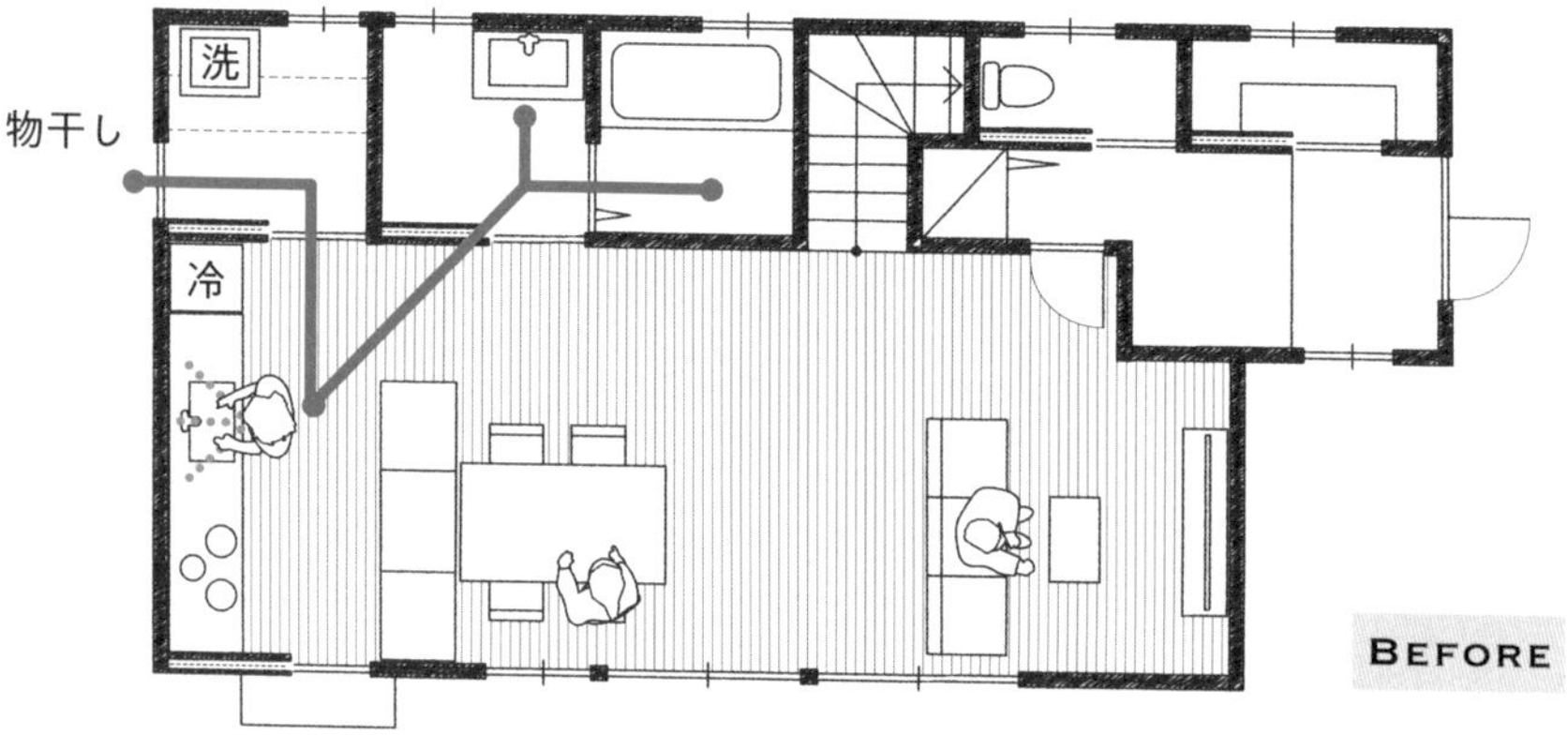

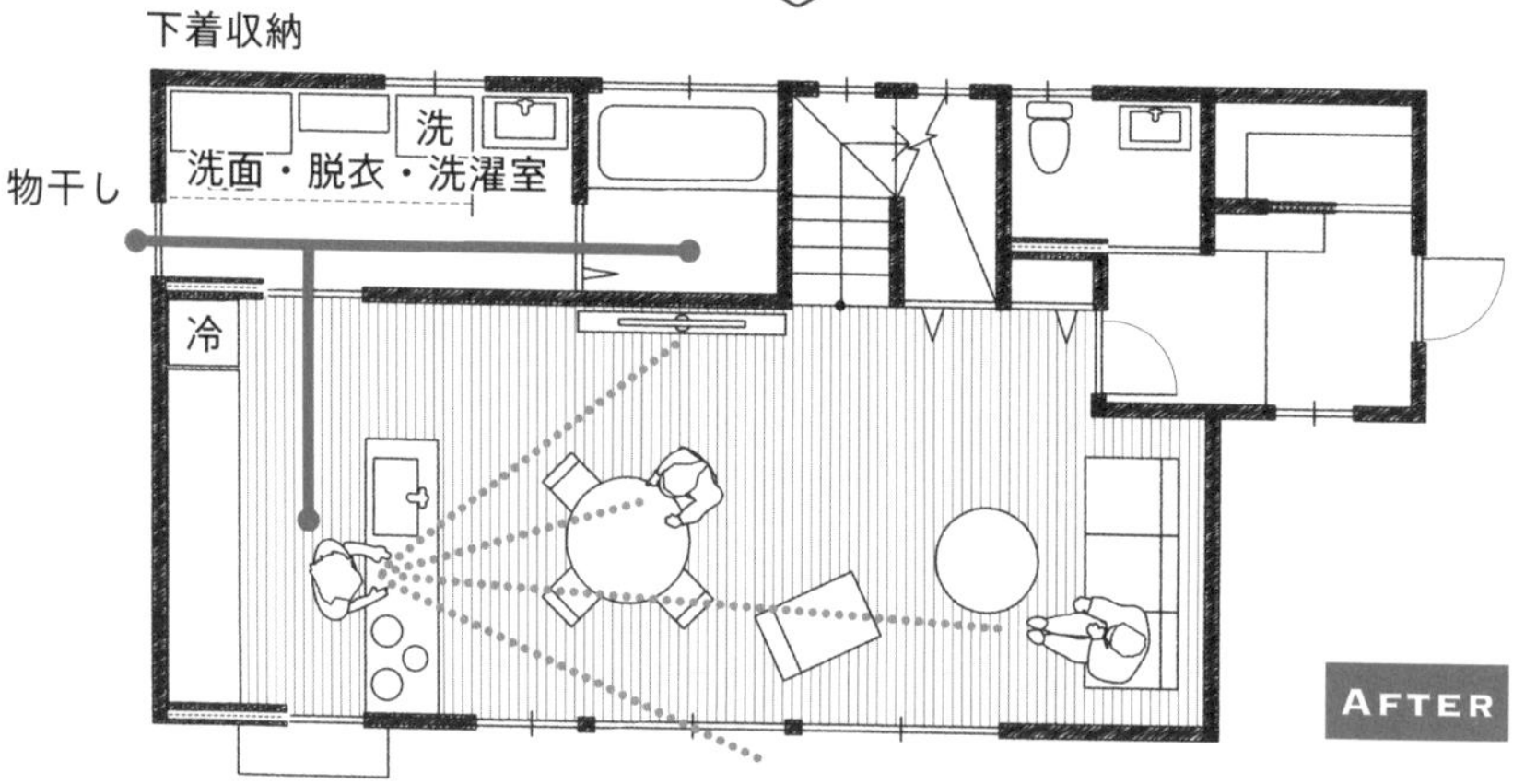

キッチンと浴室、洗面・脱衣・洗濯室を一体的に。洗濯機の横に下着収納を設けたので、洗濯→物干し→収納が効率的になりました。室内の物干しも可能で便利です。

また、キッチンを対面型にすることで、壁面ではなくダイニング、リビングのほうを向いて作業ができるようになり、家族とのコミュニケーションが生まれやすくなります。

接客を重視する場合の動線

家族のふれあいをうながすには、玄関→パブリックスペース（LDKなど）→プライベートスペース（個室、寝室など）の流れをつくる主動線が大切です。図1（56ページ）は、玄関を入ると、リビング、ダイニング、キッチンへとつながり、家族とのコミュニケーションをうながします。しかし、伝統や格式を大切にし、接客を重視するライフスタイルの家族には、この考え方が合わない場合があります。

例えば図2（56ページ）は、接客を重視する住まい向けの動線です。玄関を入って、庭を眺められる縁側から座敷に招くようなプランとなっています。

図1は、図2のプランの玄関を南東の方向に移動させたものです。

このように、一見すると同じようなプランでも、玄関の位置などを工夫し動線を変更することで、住まいの本質がガラリと変わるのです。

移動や作業がラクになるという観点に、自分たちのライフスタイルや考え方も加味した動線をつくりましょう。アイデアの効いたリフォームで動線を大きく変えることも可能です。

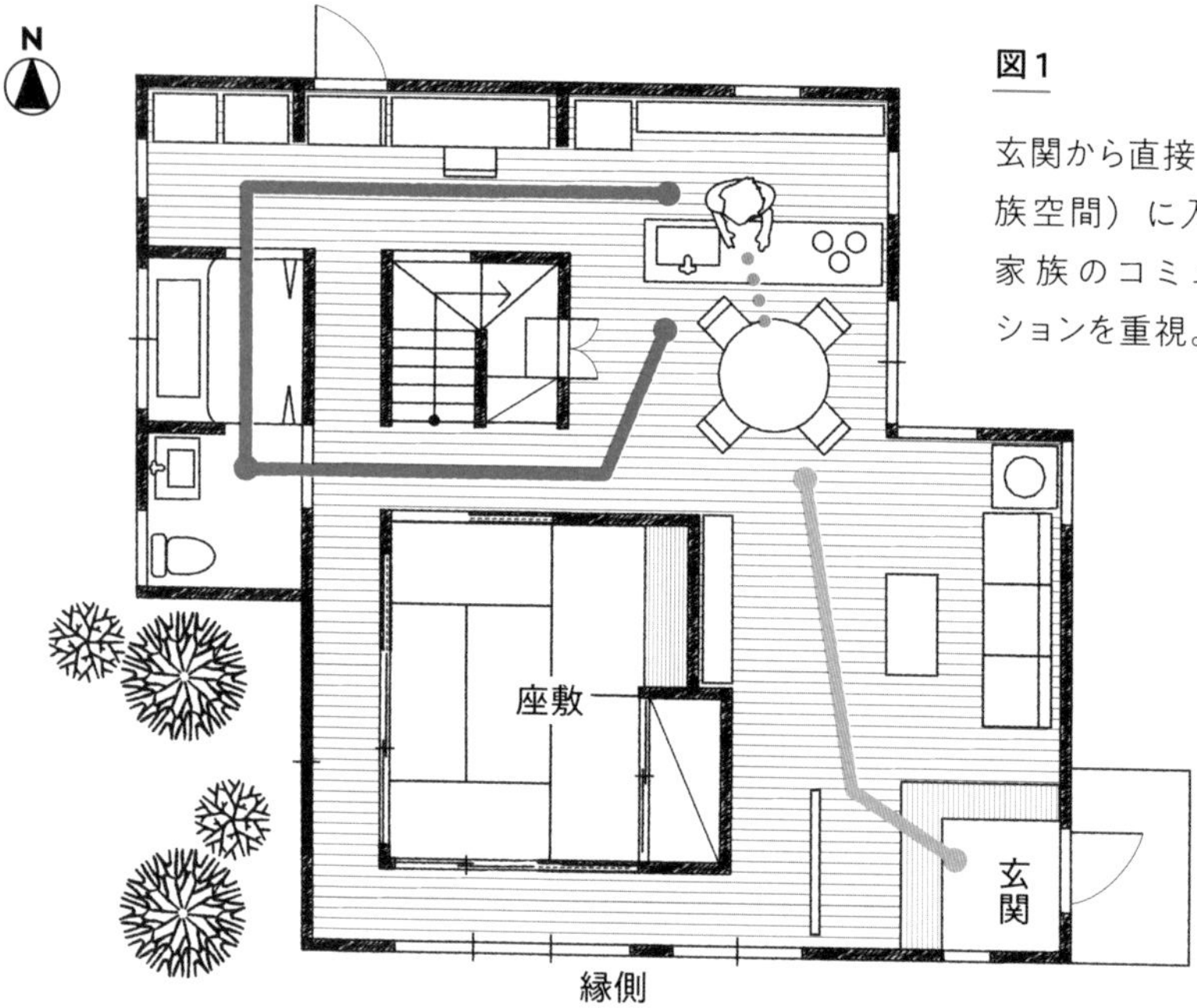

図1

玄関から直接LDK(家族空間)に入る動線。家族のコミュニケーションを重視。

図2

接客を重視する動線。玄関から縁側を通り座敷へ案内する。

「回れるプラン」で快適に

図1・2のような動線は、家の中に輪を描くかたちとなり、このようなプランを「回れるプラン」といいます。家の中を歩き進むにつれて変化する眺めを楽しみ、もとの位置に戻ることや、空間の広がりを感じられることが大きな特徴です。

さらに他にも、以下のようなさまざまなメリットがあります。

①左右どちらの方向にも回ることができ、家事をするときに便利。

②来客時など、通りにくい空間があるときは、もう一方の〝裏動線〟で移動できる。

③家の中を歩き回ることで、家族の気配を感じ、接する機会が増える。

④地震や火災など災害時には、複数の避難経路があるため安心。

⑤作業に疲れたときや、考えがまとまらないときなど、家の中を歩き回っているうちにリラックスしたり、解決策が見つかったりすることがある。中世ヨーロッパの修道院の多くにある回廊は、思考するための空間となっていたといわれる。

このように「回れるプラン」は、人生後半の住まいにもふさわしいアイデアです。

CASE. 1

千葉県
A邸

二世帯住宅の動線リフォーム

［家族構成］
夫、妻
［家の種類］
戸建て・リフォーム
［家の広さ］
約200㎡
［居住年数］
40年

せっかくの素敵な庭を存分に愛でたい

1階に親夫婦、2階に若夫婦と子どもたちが住んでいた二世帯住宅で、いよいよ世代交代。若夫婦が1階に移り、自分たちが主役となる住まいづくりに着手することになりました。

子どもたちはすでに巣立っていき、ゆくゆくは長男がこの家に戻ってくる予定なので、2階はいったんそのままに。ですが、それまで使わずに放っておくのはもったいないということで、有効活用できるアイデアを考えました。

夫婦の望みは、南側にある広くて素敵な庭を存分に愛でながら、のんびりとした時間を過ごすこと。最も景色のよい2階の南東の特等席に快適なバスルームを、その続き寝室を設けました。贅沢な眺めで、毎日がリゾート気分です。

これまで家の内部には、1階と2階をつなぐ階段はなかったのですが、「今後はおおいに2階を活用しよう」と、新たに階段も設置しています。

また、1階には、南に面する広々としたＬＤＫ空間をつくったことで、いつでも庭を眺めることができます。

2階のバスルームからバルコニーに出て、くつろぐことができる。

手前の寝室からバスルーム、バルコニーまで、広々とした視界。

Before

2F

それぞれの世帯が独立した二世帯住宅で、屋内には行き来できる階段がなかった。１階は長い廊下の両側に小さな部屋が並ぶ。

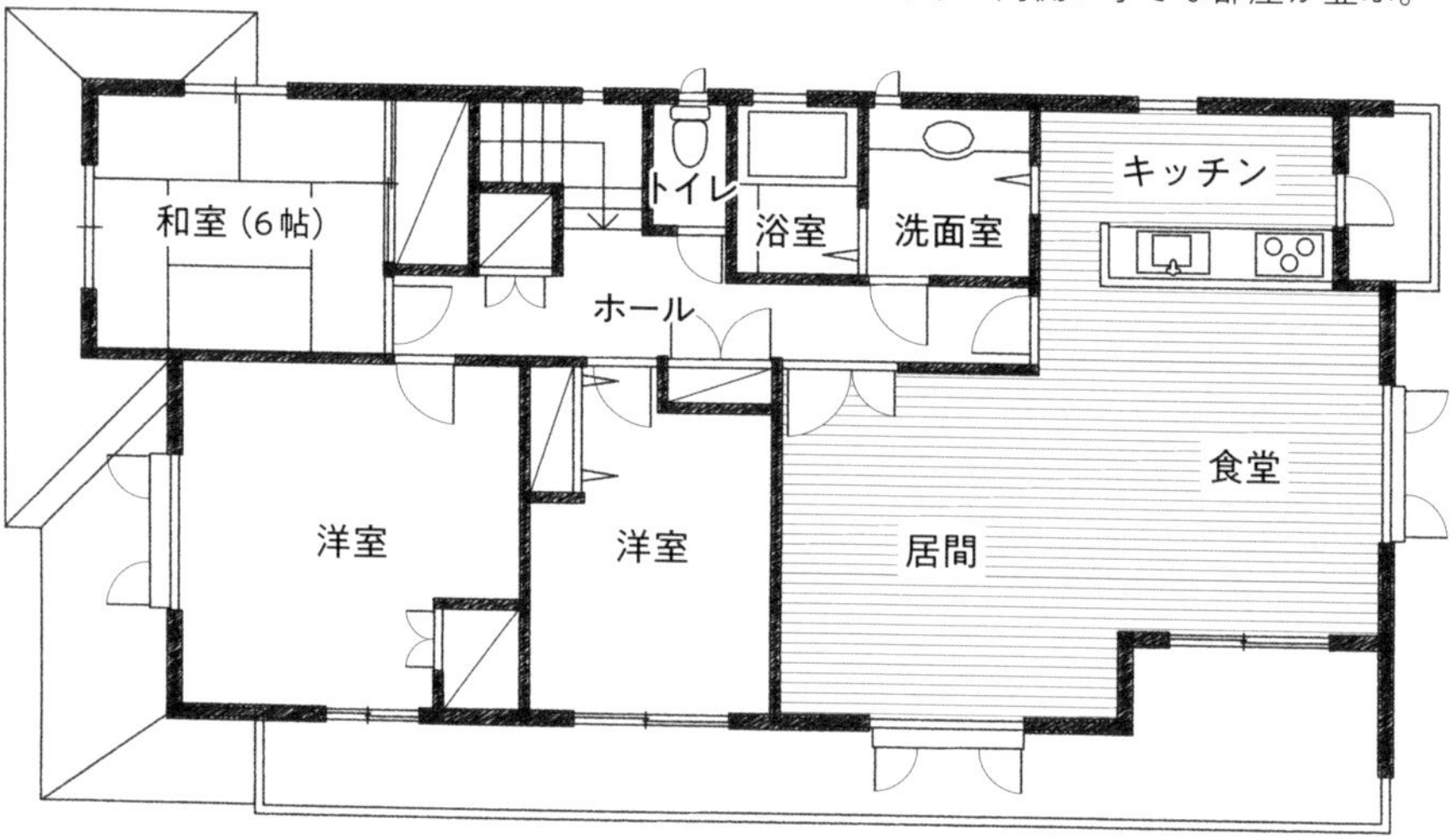

1F

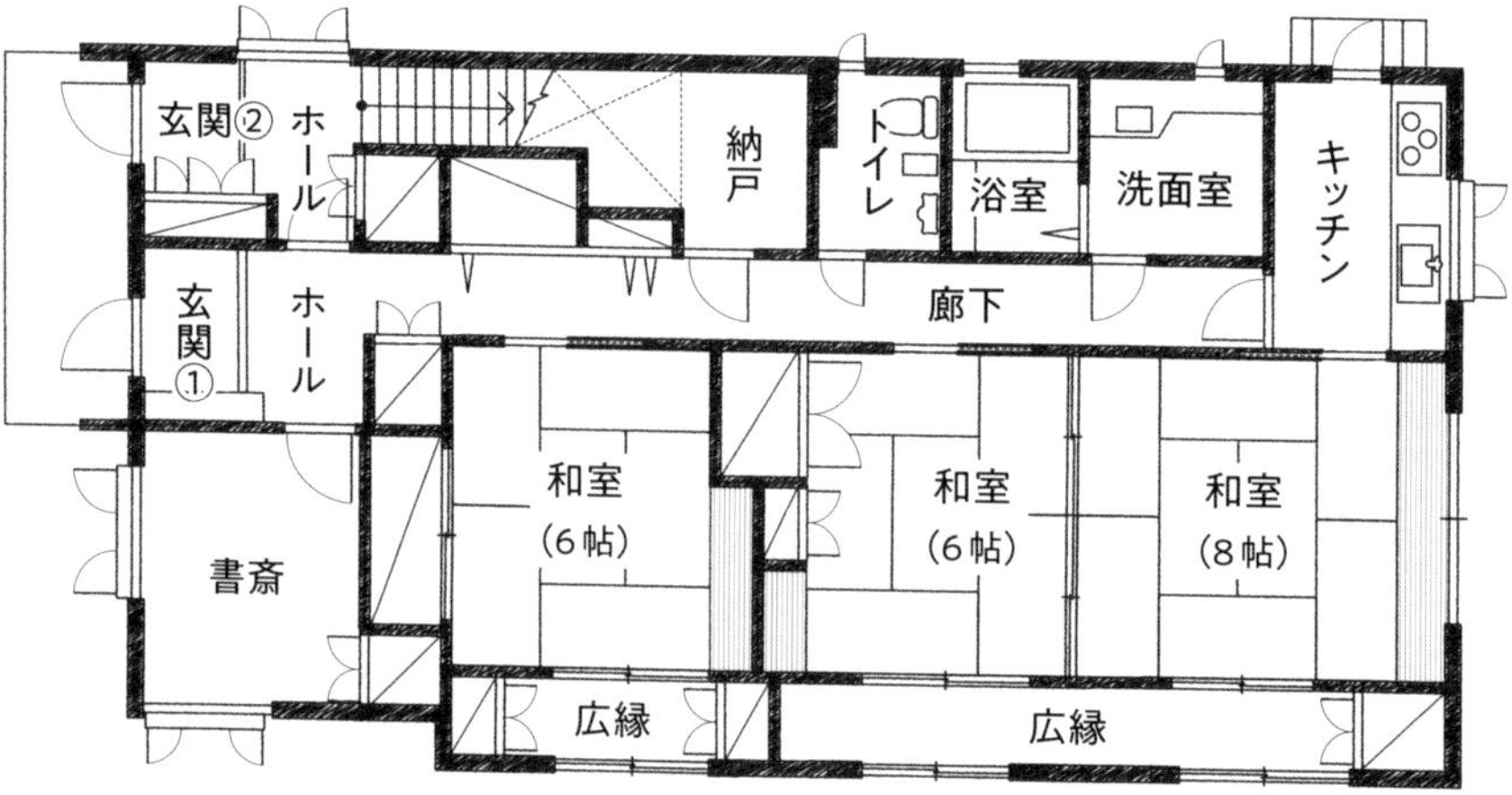

AFTER

2F

屋内に１階と２階をつなぐ階段を新設し、眺めがよくて快適なバスルームと寝室を２階に。１階の廊下を可能なかぎり短くして、ＬＤＫを広く。

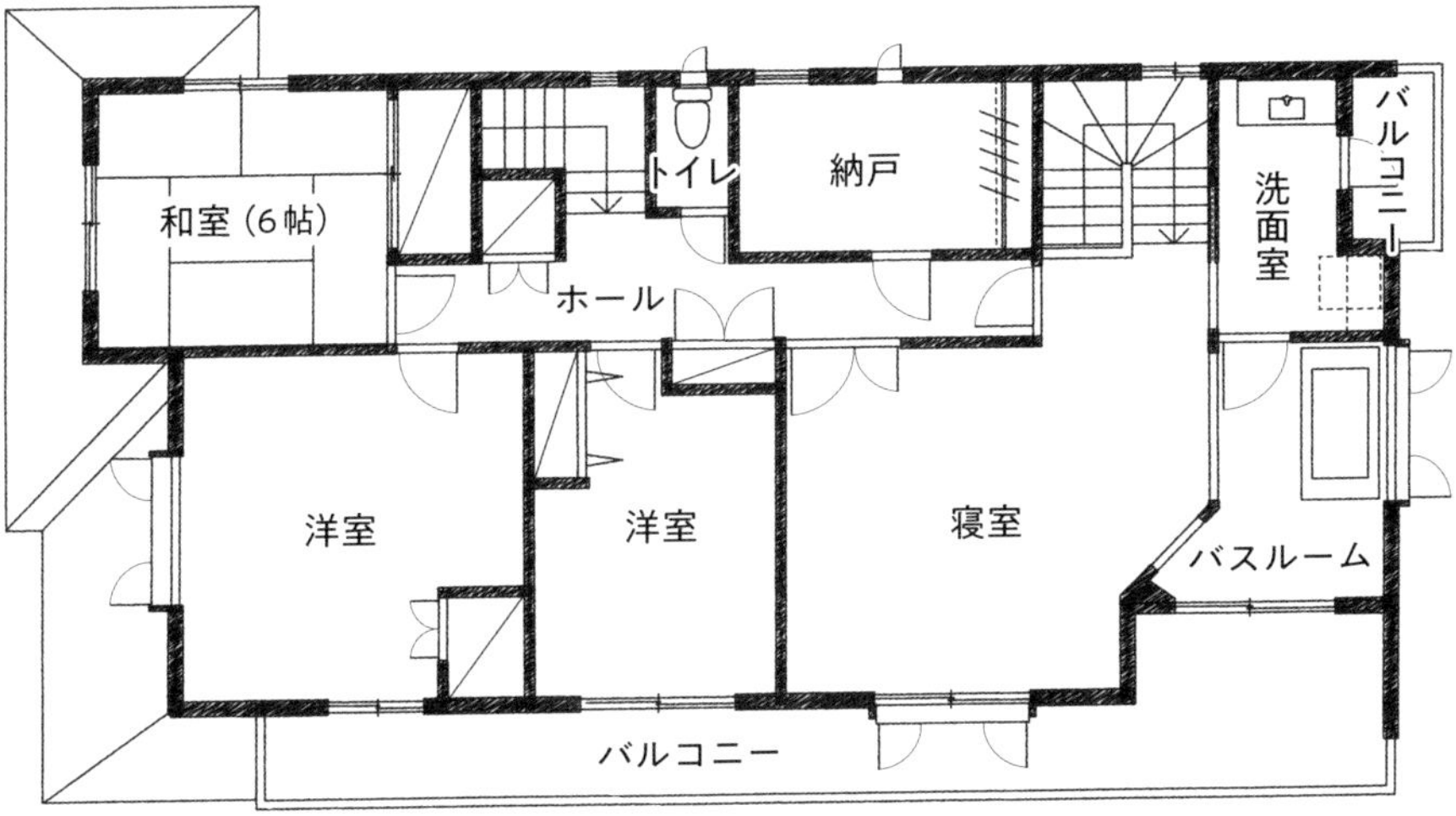

1F

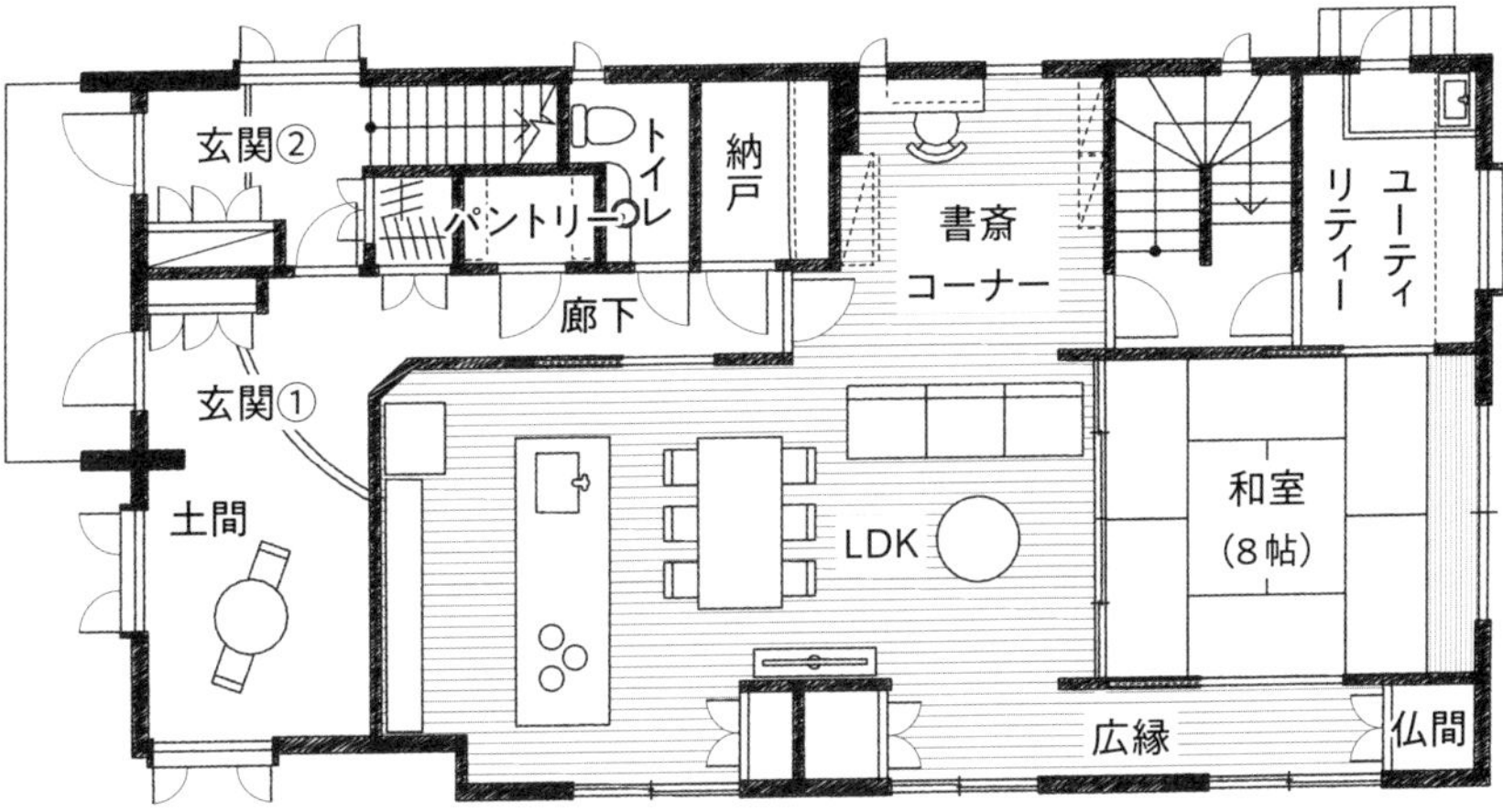

長い廊下で分断された空間を解消

地域に根差し、地域の人々との交流を大切にされているため、客人を招き入れることも視野に入れた空間づくりです。広いＬＤＫは、親しい人を気軽に招待できます。和室とひと続きで、多少人数が増えても対応が可能です。和室はユーティリティー（家事の作業を行うための空間）、勝手口ともつながり、将来、介護をしたり、介護サービスを受けたりする場合にも助かります。玄関①を入ってすぐの土間には、テーブルと椅子を置き、ふらっと来られたお客さんにお茶でもすすめながら話がはずみます。

今回のリフォームでは、もともとあった一直線に長い廊下をできるだけなくし、分断された閉鎖的な空間をひと続きの広い空間として、便利な動線を整えていったことも大きなポイントです。

1階の勝手口につながるユーティリティー。

キッチンは対面型で、作業をしながら庭の景色や、家族との会話が楽しめる。

新たに設けた、1階から2階への直通階段。木目を使い、日差しも取り込んで明るい空間に。

 設計：株式会社ヴェルディッシモ　江口惠津子

COLUMN

「長い廊下」の歴史

明治時代、普通の家には縁側はあっても廊下はなく、部屋が続き間になっていました。続き間の真ん中の部屋はほぼ使われませんがそこを通らなければ他の部屋に行けないため、対策として「中廊下(=長い廊下)」をつくり、すべての部屋を独立させるようになったのです。

戦後になると、住宅貧困期を脱して、住宅公団のステンレス流し台のあるダイニング・キッチンが人気となりました。これをきっかけに、食寝分離(食事と就寝の部屋が別々になること)が進みます。さらに、プライバシー意識の高まりや、高度経済成長期の受験競争で子ども部屋を与える傾向が強くなっていきました。限られた床面積の場合はリビングをあきらめて、ダイニング・キッチンと個室が廊下でつながる下宿屋のようなプランが多くなったのです。

中廊下はプランづくりがしやすいため、多く採用されてきました。玄関からまっすぐのびる廊下の北側にはバス、トイレなど水まわり、南側には座敷や居間を配置するなどのパターンです。

欠点は、廊下が暗いこと。家族が集まる空間まで遠いこと。中廊下で南北の風通しが悪くなること。そして最大の欠点は、廊下は楽しくなく、ムダな空間であり、廊下の坪数が増える分、工事費が高くなってしまうことです。中廊下の名残がある住まいは、ぜひ改善しましょう。

第3章

「好きなこと」ができる住まいプラン

01

趣味を楽しめるスペースをつくる

趣味は拡大していくもの

人生後半、自分が好きなこと、趣味に没頭しようと考える人は多いはずです。張り合いのある趣味があれば暮らしが充実し、楽しくなります。趣味に没頭するためには、邪魔をされることなく集中できるスペースがほしいものです。必要なスペースは趣味の種類によって異なりますが、張り合いを感じると目標が大きくなり、必要なモノやスペースが拡大していきます。

例えば絵画の場合、水彩画の道具を保管するスペースはたいして必要ありません。絵の具や筆などはコンパクトです。しかし、油絵やアクリル画などのジャンルも制作したいとなると、道具の種類や数は一気に増加し、広いスペースが必要になります。

趣味が複数になることもあるでしょう。こうした変化を見越して、スペースに余裕をもたせておくと安心です。

子どもが巣立っていき、子ども部屋が空いているのであれば、ぜひ活用しましょう。間仕切りやクローゼットをなくすだけでも広い空間ができ、多目的に使えます。家族みんなで過ごしていた広いＬＤＫも、趣味のスペースとして利用できるようになります。

創作は「レディー・トゥ・スタート」が大切

とくに、何かを制作する趣味においては、制作途中の作品をそのままの状態で置いておき、気が向いたときにいつでも続きの制作に入れる「レディー・トゥ・スタート」が望ましいです。

ＬＤＫのテーブルで作業をするのもよいですが、食事をするときや他の家族との兼ね合いなどで、道具や作品を出したり、しまったりするのが煩わしいかもしれません。

また、作品を眺めるスペースも考慮に入れておきましょう。制作途中には、さまざまな距離、角度から出来具合を確認するため、できれば3メートルくらいの距離、適度な明るさも確保しておきます。

完成した作品をインテリアとして飾っておくスペース、さらに、多くの人に作品を観てもらうために展示するギャラリーなどもと夢がふくらみます。

趣味スペースの例❶ 子ども部屋の間仕切りをはずす

2階に2人の子ども部屋を並べてそれぞれに設けている場合、間仕切りをはずし、クローゼットをなくすだけで、広くて多目的に使える空間ができます。ヨガやピラティスをはじめ、音楽鑑賞や映画鑑賞などに。卓球台やビリヤード台を置くことも可能です。

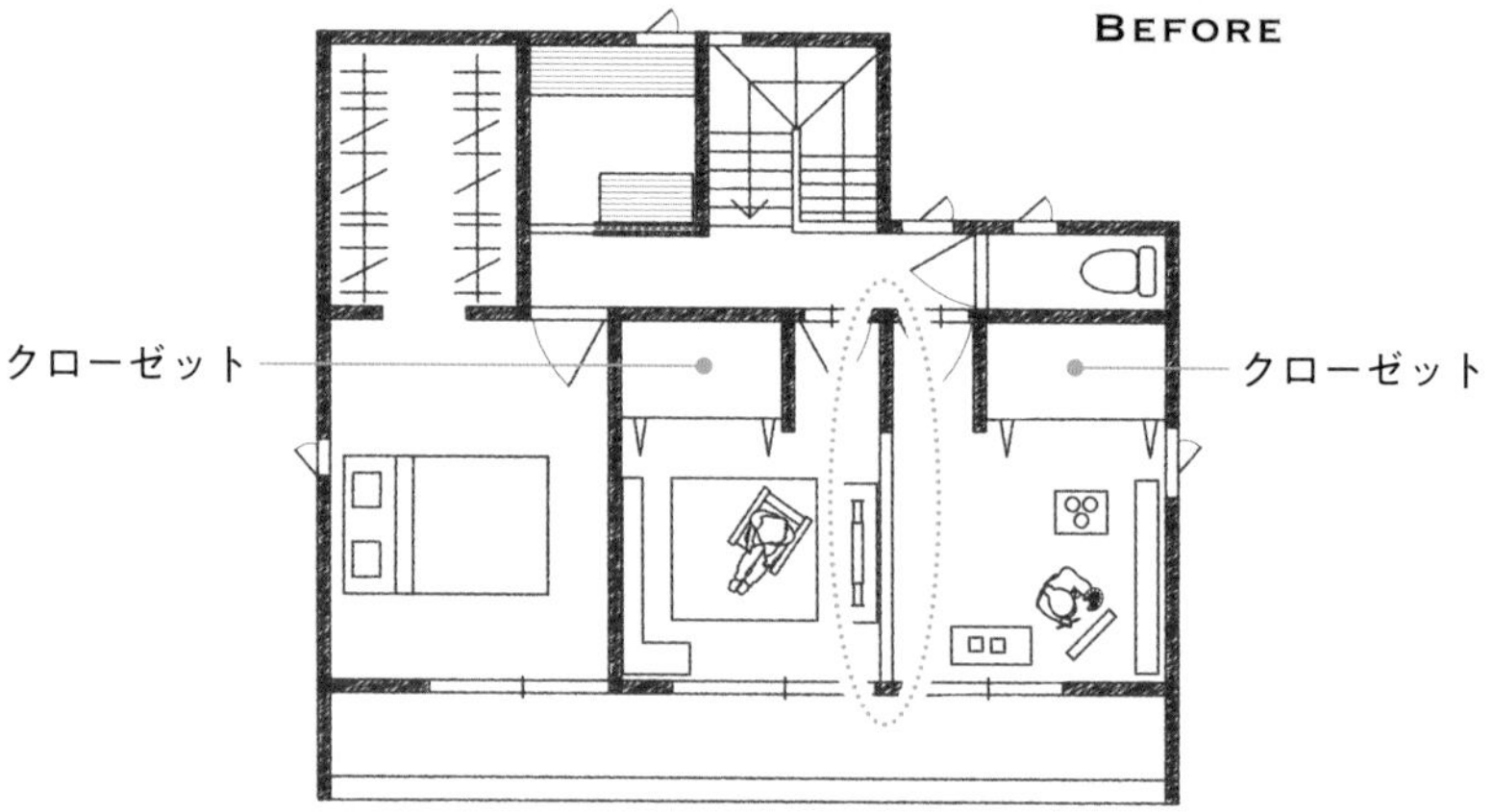

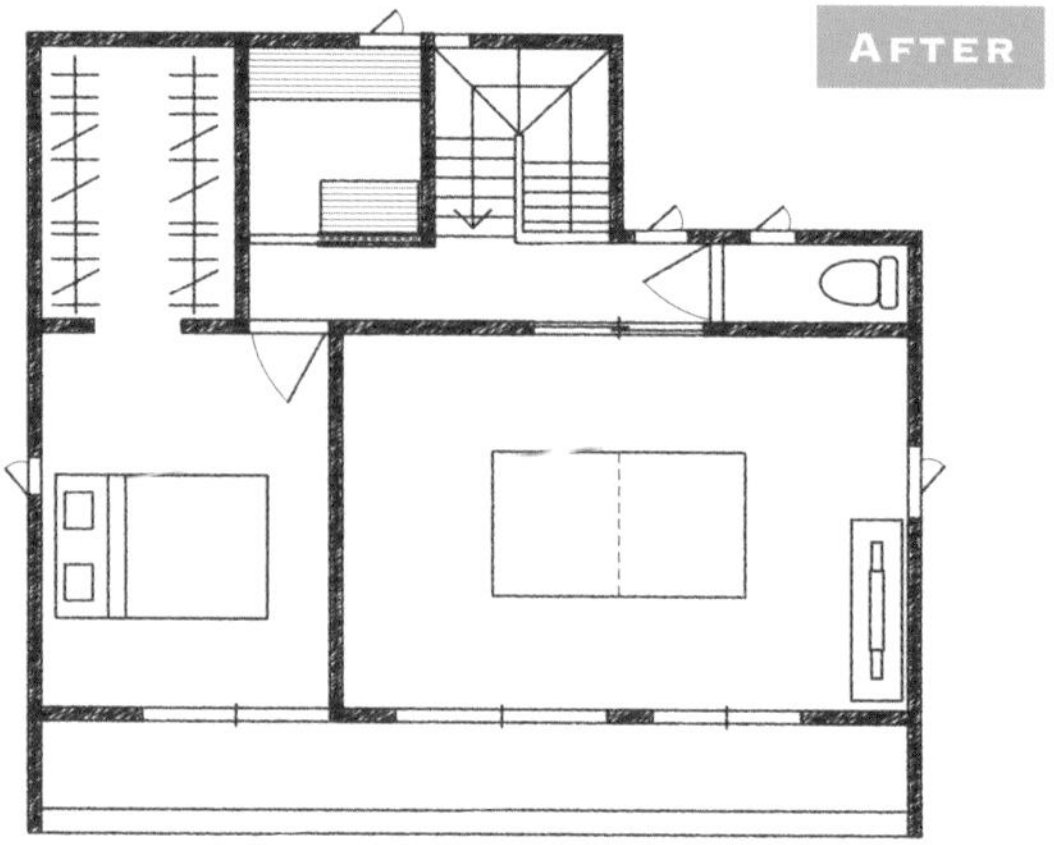

2部屋が、広く、多目的に使える1つの空間に。卓球台やビリヤード台なども置ける。

趣味スペースの例❷ トレーニングルーム

2階の子ども部屋をトレーニングルームにします。入り口の引き戸をはずして、縦にも横にも広さを確保。趣味として人気のゴルフの練習も可能で、アプローチの練習や、空間に高さがあれば素振りの練習にも対応できます。天井の化粧板をはずすなど高さを確保するためのリフォームは比較的簡単です。

BEFORE

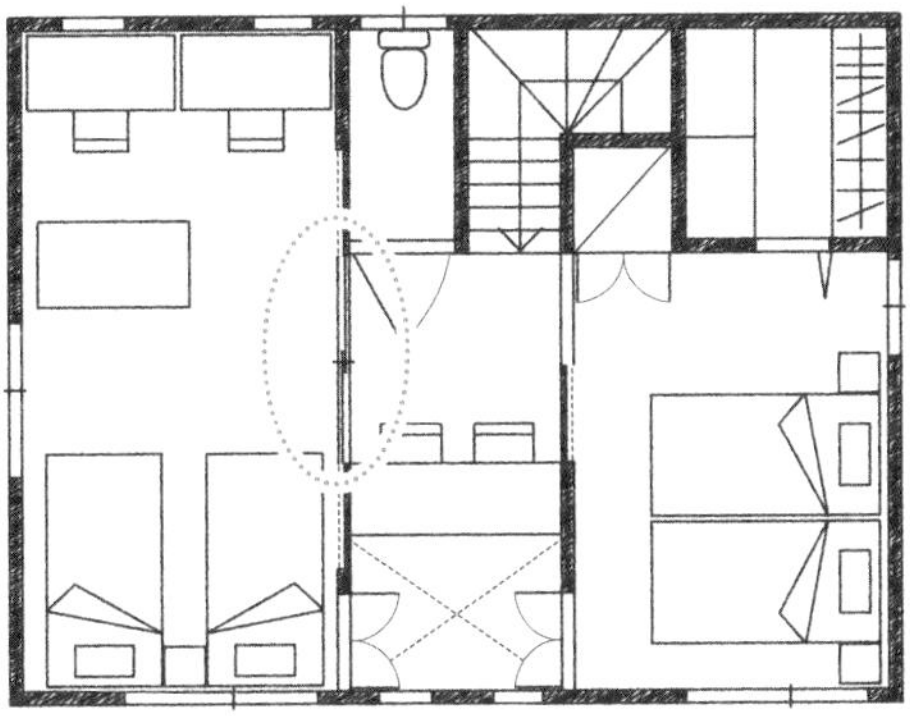

引き戸を1つはずすだけで、体を動かせるほどの大きな空間をつくることができる。天井の化粧板をはずすと、縦方向にも広いスペースに。

AFTER

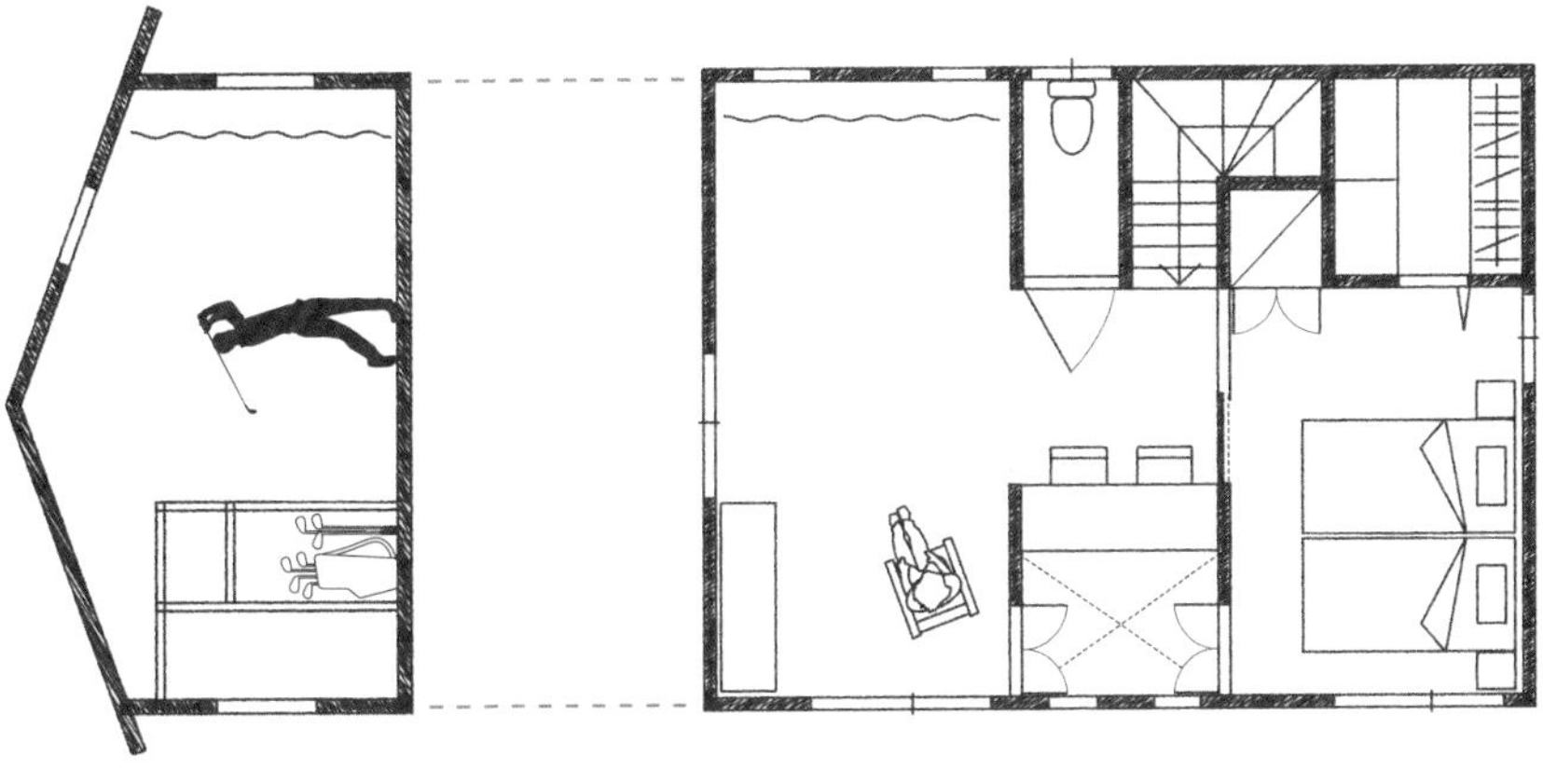

趣味スペースの例❸ 防音スタジオ

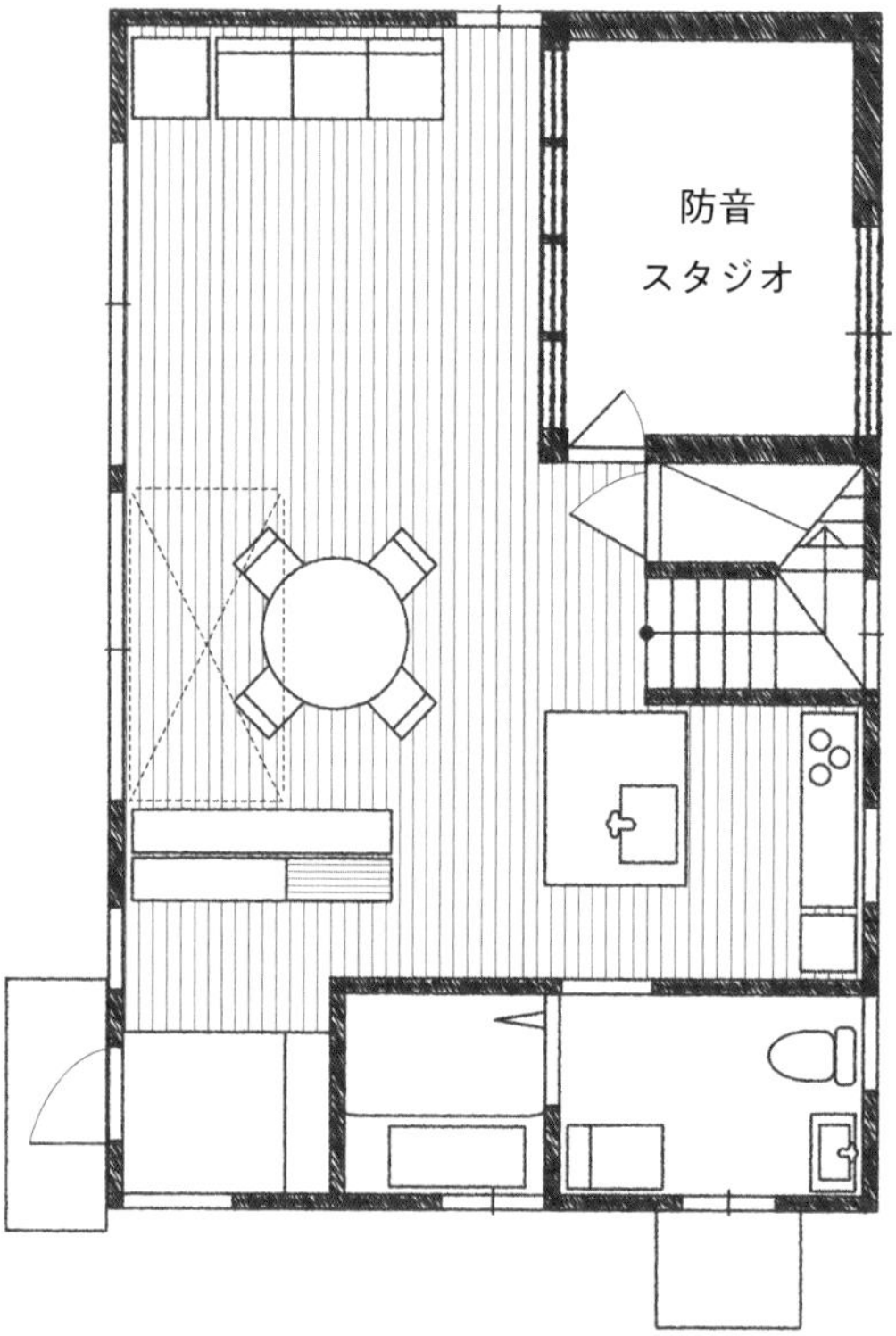

LDKの、リビングに続く場所に防音スタジオを設けます。楽器の演奏、歌の練習、映画鑑賞など多用途に活用できます。壁面・床面は防音仕様で、室内側は圧迫感がないよう防音ガラスを。防音性能は幅が広いので、趣味の内容や予算に合わせて考えます。専門家に相談するのがよいでしょう。

＊遮音性能D-55レベル(ピアノの音がかすかに聞こえる程度)で、材料と施工の合計費用の目安は400万円程度(広さ約6畳、防音サッシT-2等級〈6.8㎜ガラス二重〉、空気層400㎜、防音ドア・防音換気扇を含む)。

※2023年現在

02 仕事をするための"ON"のスペース

自宅のどこをワークスペースにするか？

現役を退いても自分の得意分野で仕事を続ける人、新たに挑戦しようとする人は、機能的で快適な在宅ワークの空間をつくりたいものです。例えば、子どもが巣立った後、LDKの広さに余裕ができたならば、そこに書斎スペースを取るのもよいでしょう。日常的にパソコン作業や書きものをする機会は多いので、そのためのちょっとしたワークスペースもあれば便利です。

集中して作業や考えごとをしたり、打ち合わせのために来客があったり、オンライン会議をしたりすることなどを考えると、ワークスペースをどこに設けるかが重要になります。

空いた子ども部屋をそのまま活用するのもよいのですが、今後のライフスタイルと住まい全体の使い方を考えて、書斎づくりを工夫していくのもおすすめです。

集中できるインテリアを工夫する

心地よく、集中できる環境をつくるためには、窓から緑が見える場所が理想的です。視界に植物を置くだけでも心が落ち着きます。

長時間にわたって机に座り、集中して考えることが多い場合は、どこに向いて座るかをまず考えます。選択肢としては、「窓に向く」「壁に向く」「窓や壁を背にして、ドアのほうに向く」の3つです。これが決まったら、カラーコーディネートと家具選びを行います。

カラーは、気持ちが落ち着き、明るくて飽きない色を選びます。基本色は、ベージュ、オフホワイト、アイボリー、ライトグレーなどアースカラーがよいでしょう。グリーンやブラウン系といった自然界にある色で、癒やし効果のあるものを部分的にプラスすると、緊張がやわらぎます。

インテリアの基本色が決まれば、それらを取り入れた机・椅子、照明、収納グッズなどを選んでいきます。

また、オンライン会議などのときに映り込む背景にも気をつけましょう。ロールスクリーンやマルチカバーは、ちょっとした目隠しに便利です。

“ON”のスペースの例❶ マンションでつくる書斎

玄関からすぐの部屋をホームオフィスに。また、LDKを広くし、和室の長手方向を変え、小さな書斎コーナーを設けながら広々とした空間にしました。

和室は季節感の演出ができ、多目的に使うことができます。ふすまを開放すれば、LDKと一体化し、広くて豊かな空間になります。

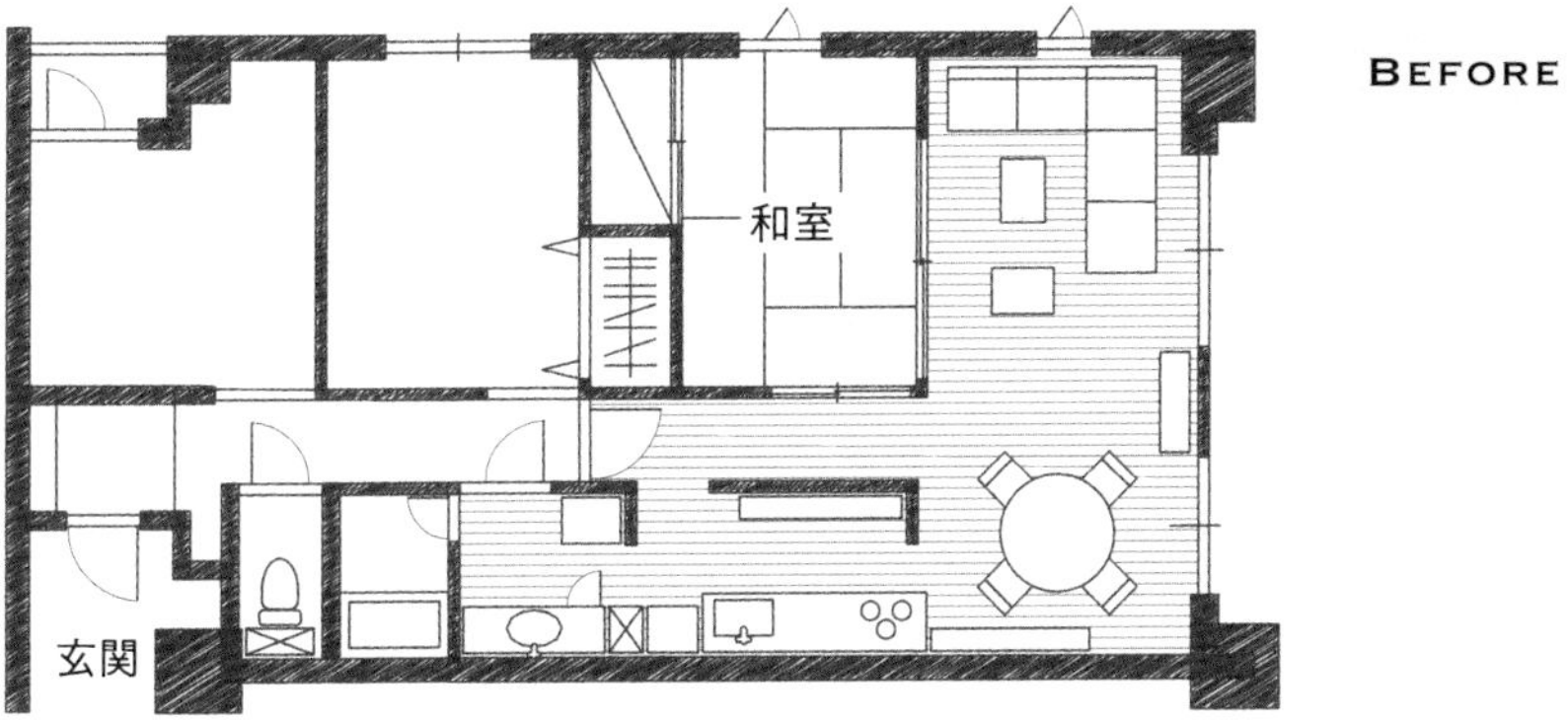

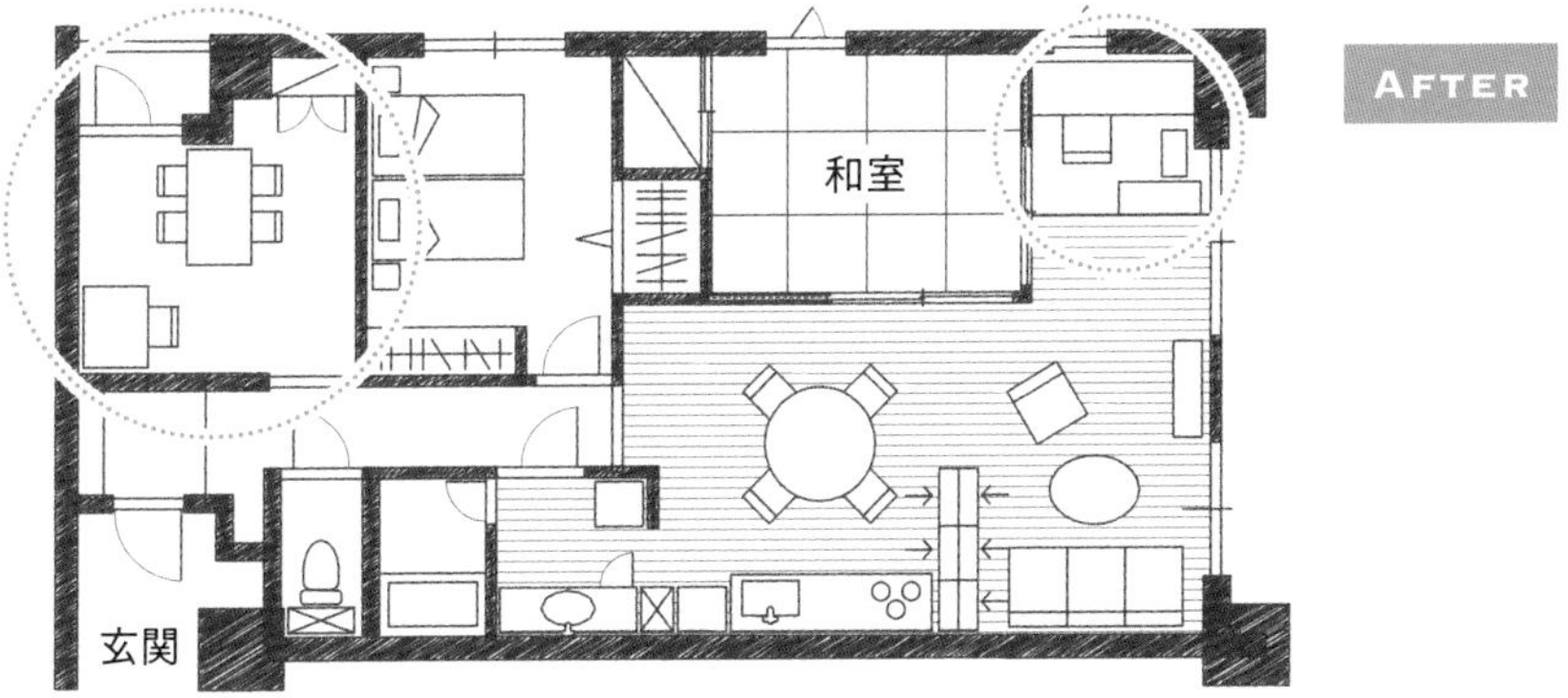

玄関を入ってすぐの部屋をオフィスに。和室の取り方を工夫し、LDKにも小さな書斎コーナーを。

“ON” のスペースの例❷

戸建てでつくる、二人の書斎

BEFORE

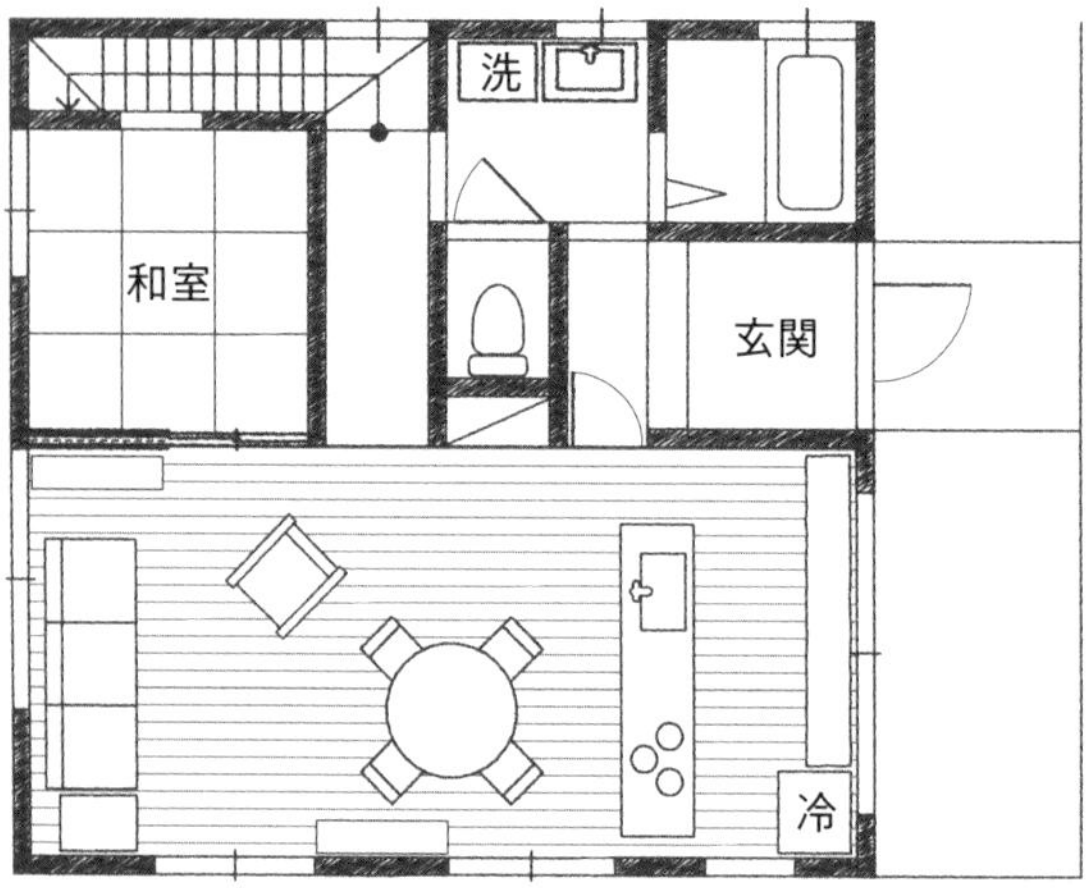

AFTER

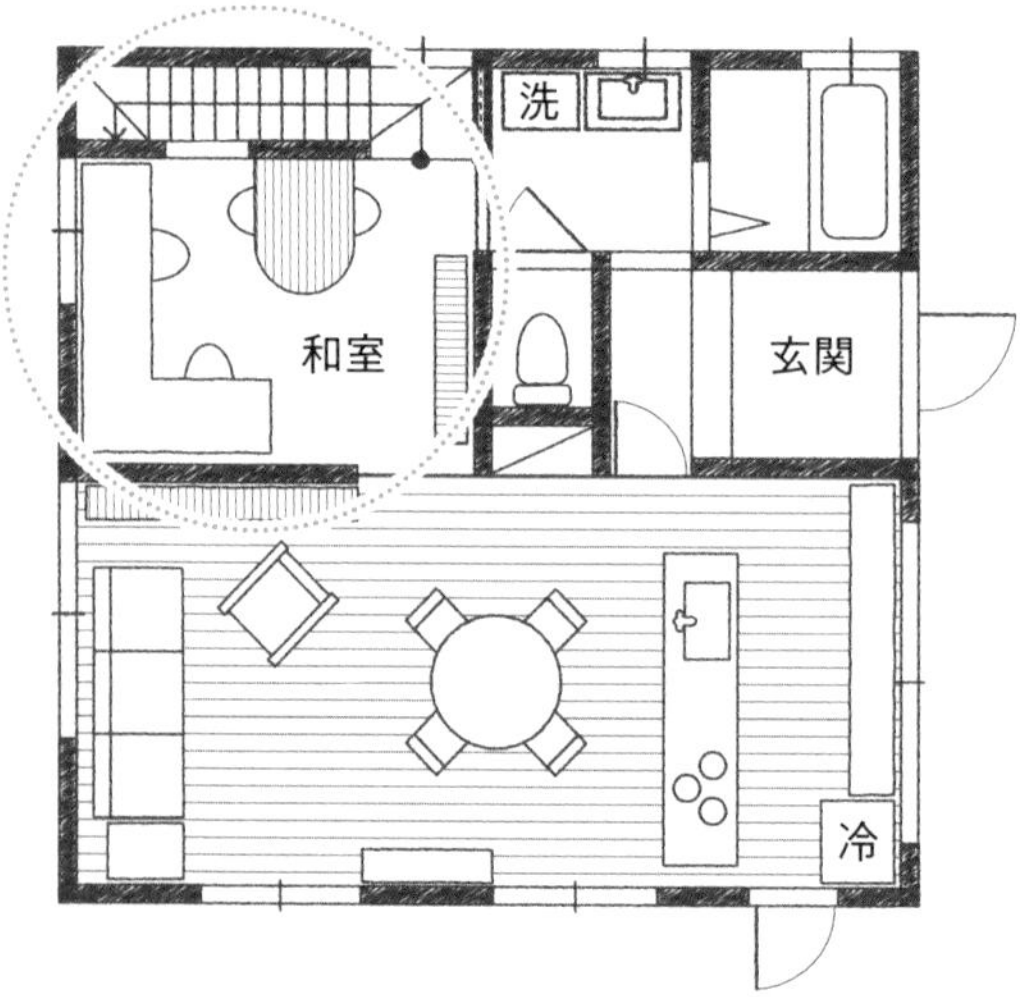

LDKと水まわりの他に4.5畳の和室がある住宅の1階に、いつでも夫婦二人で趣味やワークができるスペースをつくりました。それぞれがワークのできるL字型のデスク、もう一つのテーブルはいっしょに作業をしたり、気分転換をしたりできる場所です。

便利で安全な「回れるプラン」も大きな特徴です。広々としたLDKも楽しみながら、快適にワークや趣味を楽しめる家です。

階段への廊下も取り込んで、夫婦で趣味やワークができるスペースに。机とテーブルがあると、過ごし方の幅が広がる。

“ON”のスペースの例③ LDKのスペースをうまく活用

玄関土間の一部に、書斎を兼ねたホームオフィスを設けました。オープンな回り階段の下部にあり、ガラス戸を開ければリビングです。大切なビジネスのお客さまにゆっくりしてもらうこともできます。

パーティションにもなる書棚は、立った姿勢では目線が通り、座れば落ち着く高さです。

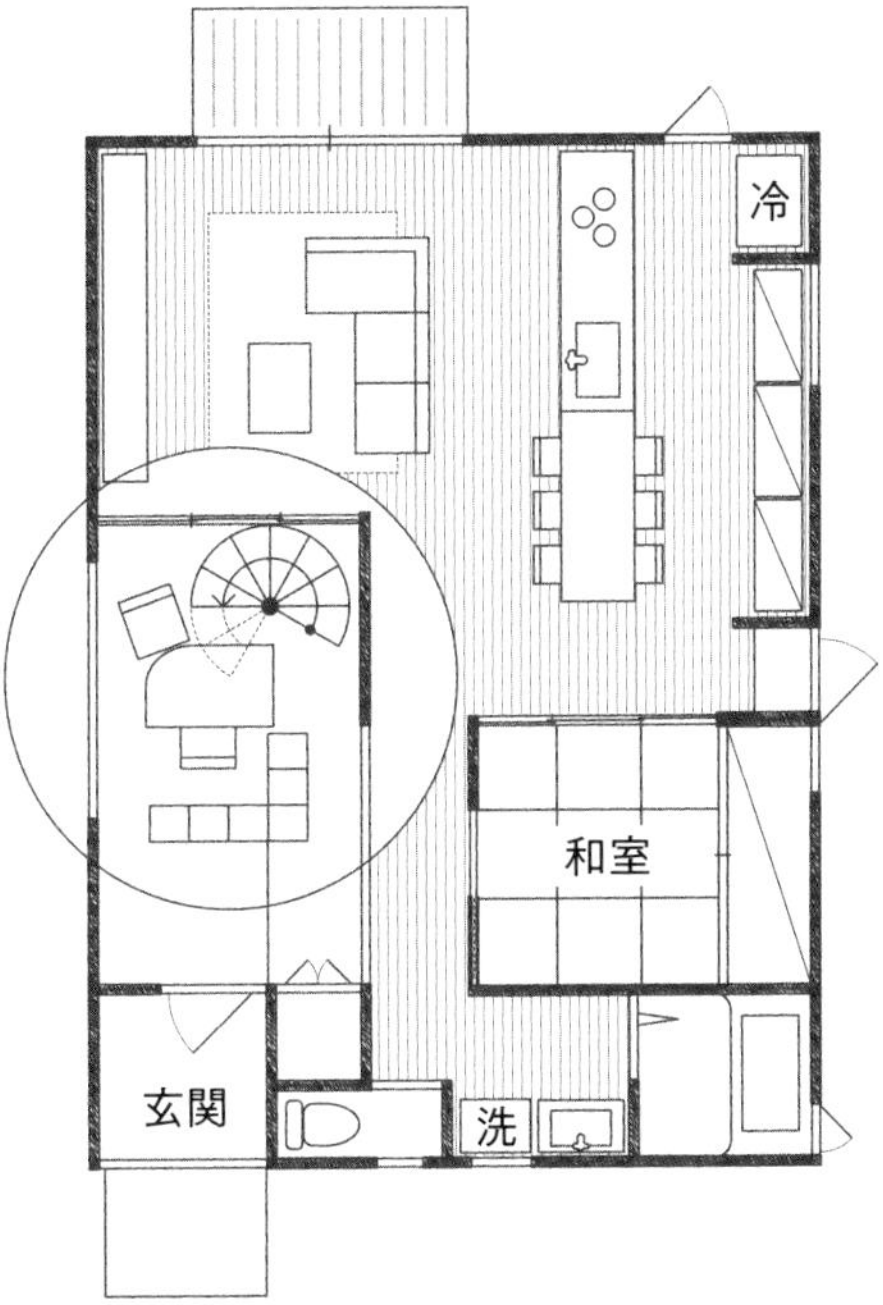

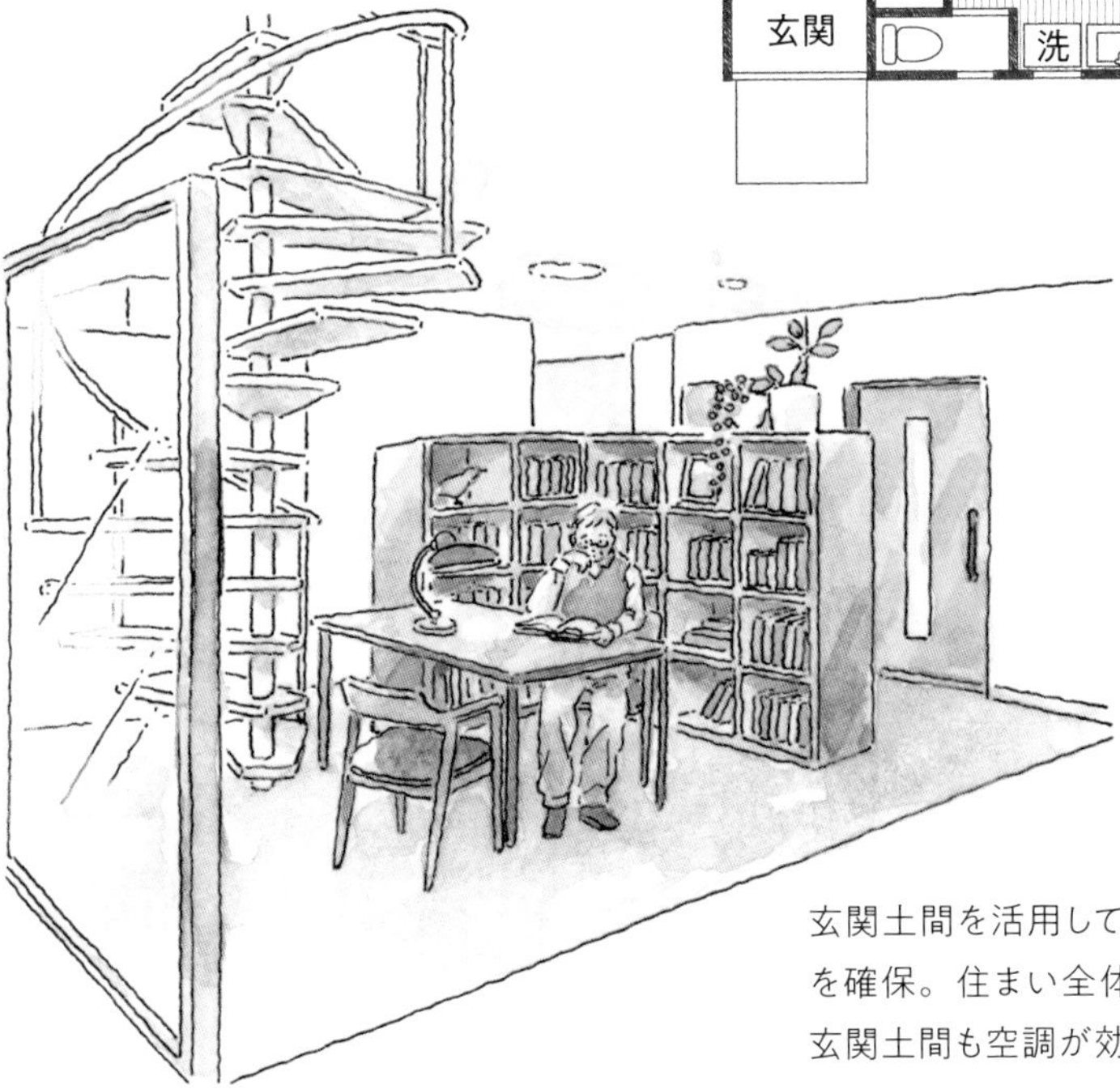

玄関土間を活用して書斎のスペースを確保。住まい全体の断熱効果で、玄関土間も空調が効き快適な空間。

CASE. 2

京都府
O邸

シンプルな住まいで趣味は充実

[家族構成]
夫、妻
[家の種類]
戸建て・新築
[家の広さ]
約124㎡
[居住年数]
4年

階段の上り下りのつらさを実感

以前の住まいは1階が職場（事務所）で、2階に寝室、眺めがよくて光と風がよく入る3階にＬＤＫ、洗面・浴室を設けていました。子育て中の若い頃に建てた、お気に入りの自宅です。

ところが年齢を重ねるにしたがって、日常の生活空間である3階と、玄関のある1階の行き来がつらくなってきました。とくに、毎日の買い物で重い荷物を持って上がるとき、

©栗原宏光

子育て期を過ごした住まい。コンクリート打ち放しの3階建てで、デザイン性の高い建物。1階は事務所で、住まいは2・3階。

宅配便が来るたびに下りてまた上がるときなどに、そう感じていました。学生時代から続けていたラグビーの練習中にアキレス腱を切り、松葉杖での生活をしたときは、階段から落ちてしまった経験も。「大好きなわが家だが、バリアが多くて住みにくい。この先、歳をとると、いろいろと体の故障も出てくるだろうし、この家で大丈夫だろうか?」と、考えるきっかけになりました。

60歳代になり、子どもたちも巣立ってしばらく経って、3階での生活への不安とともに、夫婦二人では広いのではとも感じ始めていた頃、娘夫婦がこの家に住んでくれるというので、近所の別の土地に新たな住まいを建てることにしました。

©岡田大次郎

現在の住まいは木造2階建てで、深いひさしが印象的な落ち着いたデザイン。生活空間は1階で、寝室は一日の生活の気分的なリセットのため2階に。

2F

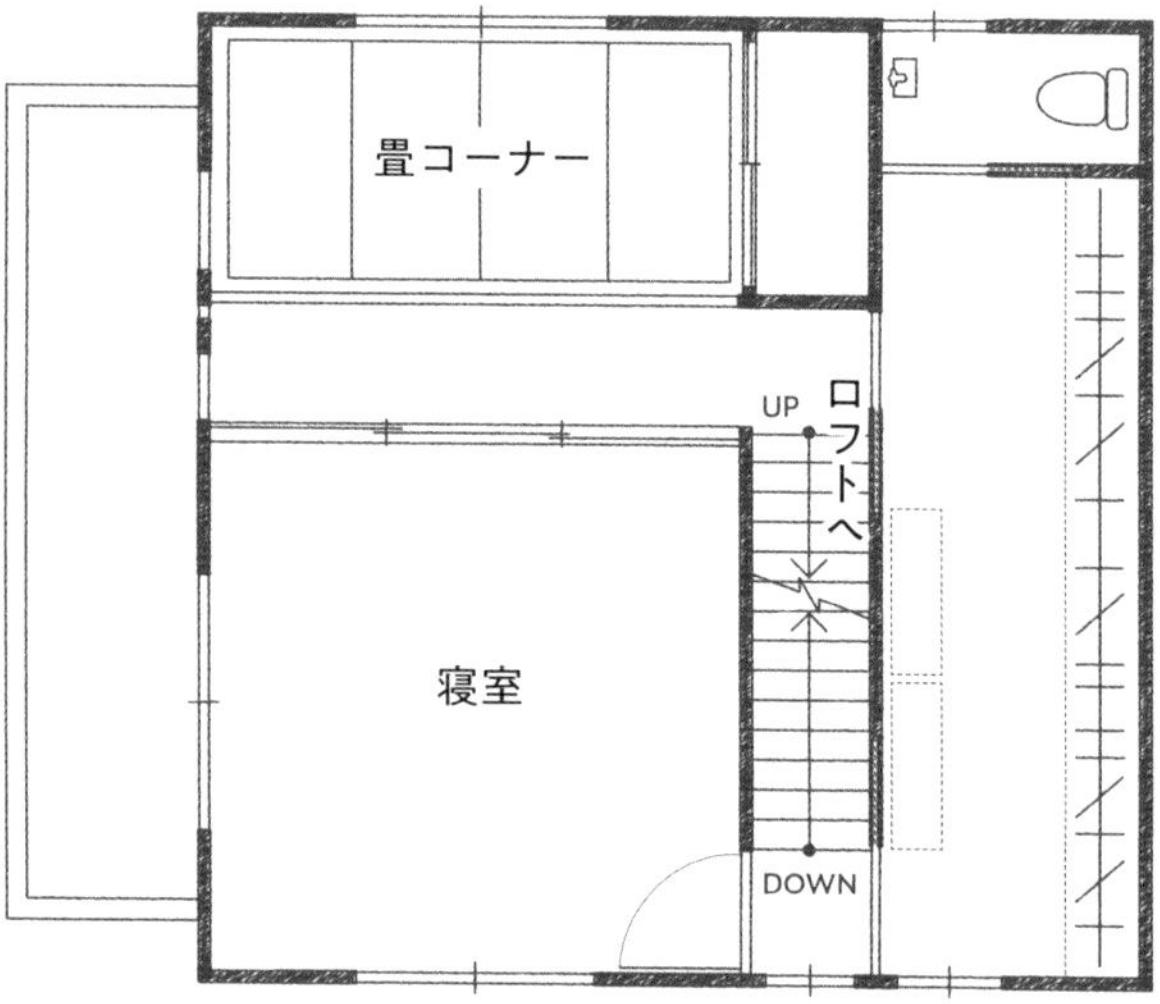

1F

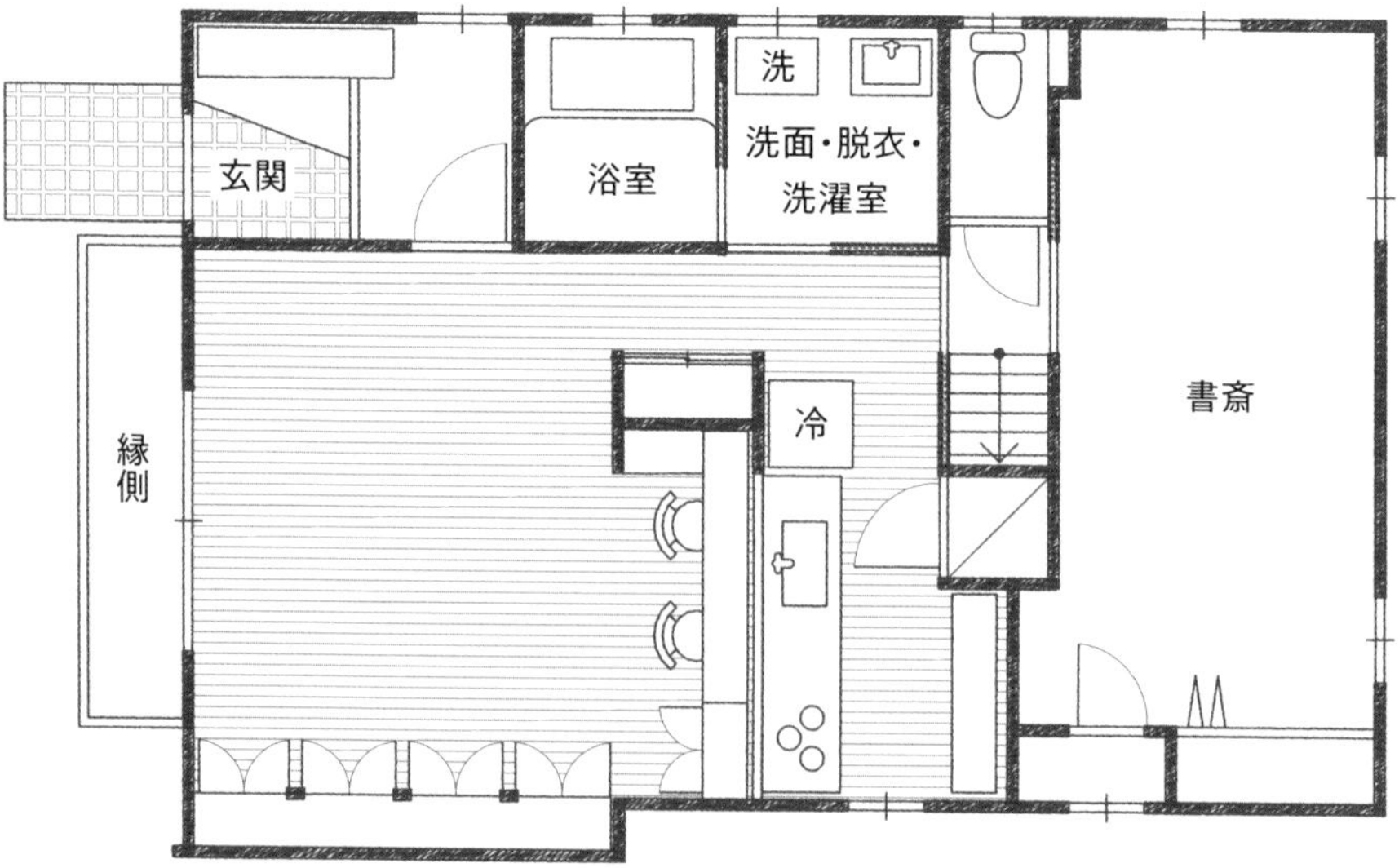

いかにモノを減らすかが大事

新しい住まいは2階建てで、就寝の時間以外はずっと1階で過ごせます。シンプルなプランで、ラクな動線をつくりました。ゆとりはもたせていますが、必要以上の空間はありません。

シンプルなプランや生活のために重要なのは、必要なモノ以外は置かないこと。設計の前に徹底的にモノを減らしました。いかにモノを減らせるかでプラン（必要なスペース）やコストが変わります。

「モノには思い出が重なっていますから、長く生きて思い出があるぶんモノが増え、モノに囲まれた生活になります。そこをどう割り切るか、割り切れないかだと思います」。

モノを捨て、減らすにあたり、夫婦で話し合い、決意を固めました。「これくらいのスペースにおさまる分ぐらいまで減らす」という目安を共有。実際に捨てるモノを決めたり、捨てる作業をしたりするのはそれぞれで、干渉はしないようにしました。

モノを減らした後に残ったのは本当に大切なモノばかり。これらを管理・保管できるスペース、飾れる場所にもこだわりました。

快適かつ楽しみの詰まったLDK

1階のメインは、ひと続きになったLDK空間で、リビングには縁側もあります。縁側の先には土のあるスペースも設けました。近所に住む孫たちが、この縁側から気軽にいつでも入ってきてくれたらとの思いもあります。

キッチンは対面型で、ダイニングは2人掛けのカウンターです。その両脇には、食器のコレクションを飾るコーナーや孫たちの写真や作品を飾るコーナーがあり、充実したスペースになっています。

縁側がある、明るくて開放的なリビング。体が触れるところには、なるべく自然素材(木や土)を。

テレビ台と一体化させたリビングの収納家具。

キッチンは対面型で、ダイニングは2人掛けのカウンター。カウンターの両サイドには、趣味のモノや思い出のモノを飾るコーナーを設けている。

孫たちの写真や作品を飾るコーナー。

ダイニングカウンターの横には、食器のコレクションを飾る棚。和・洋の両方のものに合うブルーを棚の色に。

「将来、植物など自然に興味が出てきたときのために」と、縁側の先には土のスペース。

縁側には趣味の自転車を飾れる工夫も。

ギターと歌を存分に楽しむ

職場（事務所）は、50歳代のあいだは自宅とは別の場所に構えていましたが、今回の新築を機に、また自宅で仕事ができるよう書斎を設けました。家の玄関とは別に入り口をつくっており、打ち合わせなど来客も気をつかわずにすみます。

書斎は防音仕様とし、以前からの趣味である音楽（シンガーソングライター）も楽しめる部屋としました。気兼ねなくBGMをかけたり、夜でもギターの練習をしたりできます。以前は一人で車を運転しながら発声練習をしていましたが、これも書斎でできるようになりました。音楽を楽しむには、防音や音響の仕様も大事。求めるレベルとコストとの兼ね合いをよく考えました。

壁面には、初めて買ったギターや、ちょっと自慢のギターなどを飾っています。本棚も充実させて、読みたいと思いながら時間がとれなかったボリュームのある本を、これからじっくりと味わおうという計画です。

また、大きめの収納スペースも壁面に確保しました。仕事に集中するデスクも壁のほうを向いています。中央のスペースには大きなテーブルを置くことができ、書類を広げての作業や、来客時の対応、気分転換にも便利です。また、緑の植物も置いて、自身や客人にもリラックスしてもらえるようにしています。

夫の居場所は書斎。天井の低いロフトもお気に入りのスペースです。狭い場所や隅っこが好きだった子どもの頃と変わらないわくわく感があります。そして妻は明るく快適なＬＤＫで、手芸や書きものなどもリビングを使ってのびのびと過ごします。くつろぐときはリビングで二人いっしょに。個々の生活を楽しみながらも、人生を共にできる住まいです。

趣味と仕事に集中できる、防音仕様の書斎。壁面には大切なギターを飾っている。学生の頃に初めて買った思い出のものや、マニアが注目する珍しいものなどもある。

設計：小田裕美建築設計事務所株式会社

第4章

ゆったり、楽しく過ごせるプラン

01 楽しく会話がはずむプラン

いっしょに過ごせる空間づくり

家族がいっしょにのんびりと過ごせる部屋をつくると、会話が生まれやすくなり、居心地のよい空間になります。例えば、LDKにワークスペースをつくって同じ空間で作業をしたり、畳コーナーで座ったり寝転んだりして、共にのんびりと過ごすのはいかがでしょうか。

室内のリビングと一体的なアウトドアリビング（87ページ参照）に、テーブルや椅子を置くだけでも、ひと味ちがった過ごし方ができます。ゆったりと朝のコーヒータイム、ランチや夕食ではバーベキューなど、にぎやかに過ごすのにもおすすめです。外に出るのがおっくうな時期は、アウトドアリビングのテーブルに植物や花などを置くと、室内のリビングから眺めて楽しめます。クリスマスはイルミネーションもいいでしょう。こうしたちょっとした工夫で話題をつくり、楽しむこともポイントです。

アウトドアリビングの例

アウトドアリビングは、庭とLDKの間に位置する「半屋外」の空間で、例えばウッドデッキなどがあります。テラスにアウトドアテーブルやデッキチェアなどを置くのもよいでしょう。手軽なレジャー気分で緑や空を身近に楽しむことができ、気分転換や家族のふれあいにつながります。

また、室内のリビングのテーブルのそばに、思い出の写真などを飾るコーナーを設けると、会話のきっかけにもなり豊かな時間を過ごせます。

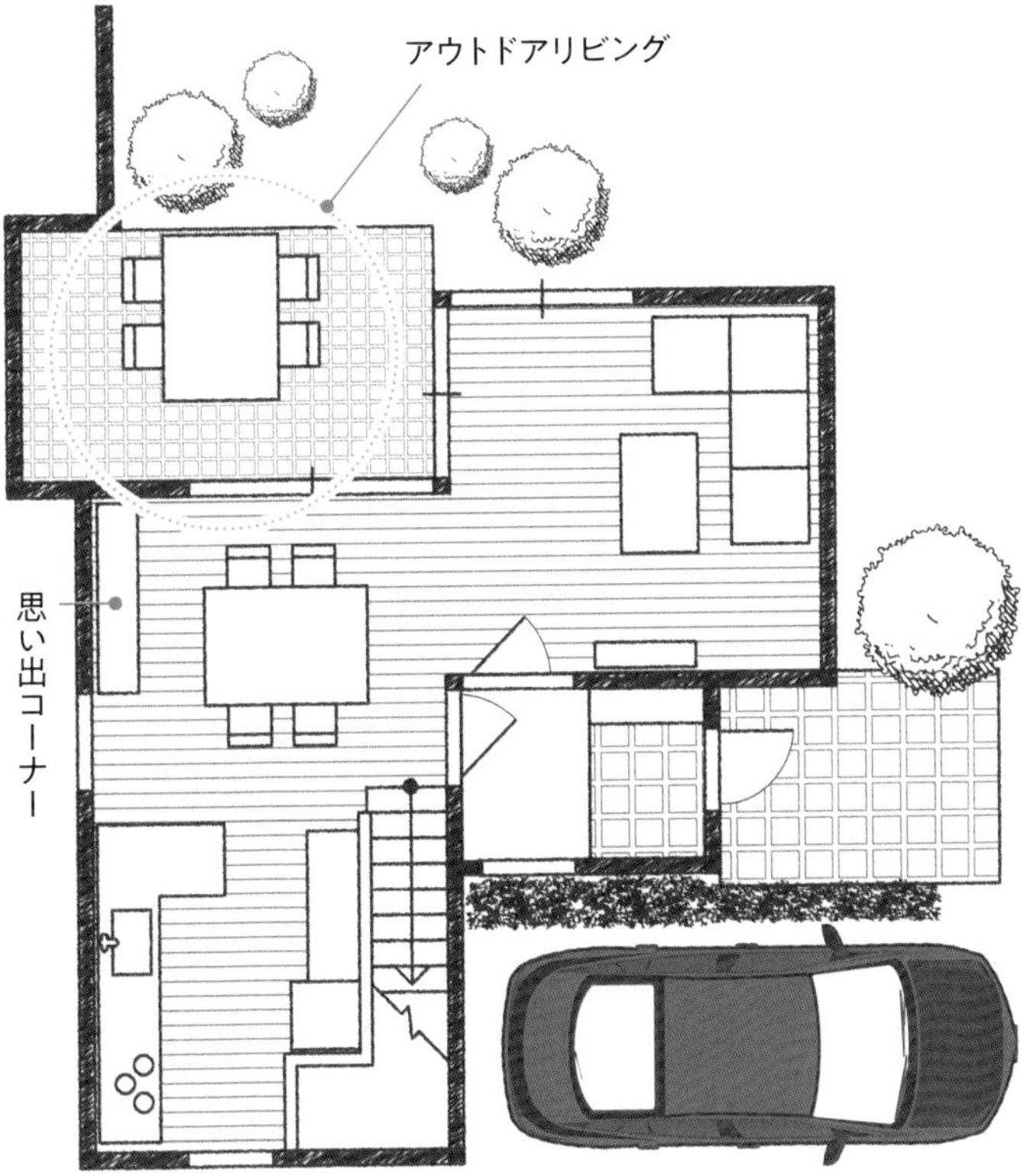

魅せるディスプレイ

お気に入りのものを飾ると、それだけで楽しい気分になります。リビングやダイニングに、家族の思い出の写真、趣味の作品、コレクションなどを飾ってみましょう。孫の写真や手紙、かわいらしい作品などは、離れていても身近な存在に感じさせてくれます。

趣味の作品やコレクションを飾る場合は、見せる（魅せる）ことを意識したいものです。例えば好きな本や雑誌であれば、それらを美しく並べる棚をリビング収納（46・47ページ参照）に組み込んだり、食器などであれば、専用の棚をつくってガラスの扉越しに見えるようにしたりするとよいでしょう。

こうした見せる（魅せる）ディスプレイのスペースは、住まいの収納全体の20～30％にとどめると快適なインテリアになるといわれています。ボリューム感や圧迫感がでてしまわないよう、すっきりと並べて、スタイリッシュに。空間全体のインテリアになじむようにしましょう。

02 くつろげるインテリア

触れるところには、やさしいものを

木は人にやさしく、インテリアに積極的に用いたい素材の一つです。調湿のはたらきもあり、湿度の高い日本の気候にも向いています。

日常生活では、床に座るとリラックスできるものです。床の素材を木にしたり、畳にしたりすると、よりいっそうくつろげるでしょう。

ただ、年齢を重ねると、床に座った状態から立ち上がる動作が苦痛になってきます。座りやすく工夫された椅子を用意しておくことも大切です。

また、テーブルや収納などの家具類は、できるだけ丸みのあるデザインを選びましょう。視覚的にやさしいだけでなく、体やモノを万一ぶつけてしまったときなどにも安心です。

視界が広がる空間に

見通しがよくて広々とした空間は、心を開放してくれます。家の中でも、壁や間仕切りを最小限にすることで、心の壁も取り払うことができるのです。

とくに、キッチンで家事をしているときの視界は重要です。家族のいるほうを見ながら作業ができる対面型キッチンなら、目の前はダイニングやリビングの空間で、開放感があります。庭先や屋外デッキの緑が目に入るようなプランであれば、その景色を楽しむこともできます。キッチンからの目線（直線の対角線）がどれほど長いかで、空間の豊かさが決まるといっても過言ではありません。

これまでの日本の住まいのキッチンは、壁面を向いて作業をする形式が一般的でした。さらに応接室を兼ねる居間が、壁などに囲まれた独立した空間（小間割プラン）であったため、壁が目線を遮り、息が詰まるように感じたのです。

自宅がまだこのような小間割プランであれば、改善を検討しましょう。

視界を広げる例

BEFORE

AFTER

キッチンが壁（窓）のほうを向いているため、家族に背を向けて作業をしたり、窓から見えるのも隣の家の外壁であったりと、苦痛をともないます。
キッチンを対面型に変更し、リビング兼応接室を囲む壁なども取り払うことで、目線がのびて家族のいるほうを向くようになり、気持ちよく作業ができるようになります。

庭など窓の外の緑を望むことができると、いっそう視界が広がり快適です。

照明を効果的に使う

やすらぐ時間や空間に使う照明は、気分をリラックスさせてくれる、あたたかな色のものを用います。蛍光灯やＬＥＤライトの光色は電球色がよいでしょう。反対に、頭を使う作業や仕事をする空間では、昼光色、昼白色などクールな色の照明が向いています。

住まい全体の日常生活の照明は、太陽の自然の光のリズムに合わせて考えるのが基本です。太陽の光は、朝から昼間にかけては白く、夕方から夜にかけては赤みをおび、あたたかな色に変わります。

また、家族がよくいる所がいちばん明るくなるように調整します。メインの照明は団らんの中央に設け、空間の隅の薄暗くなる部分にはダウンライトを用いると、空間の変化や広がりを感じることができます。

庭がある場合は、ライトアップでの演出も楽しみの一つです。設置する場所や目的に応じて、さまざまな種類の照明があります。

CASE. 3

東京都
S邸

オープンな空間で明るく快適に

［家族構成］
一人暮らし
［家の種類］
マンション・リフォーム
［家の広さ］
約70㎡
［居住年数］
12年

リフォームでキッチンを大移動

世界中を旅し、現地での体験や研究成果の書籍を何冊も執筆していたという、非常にアクティブな女性ライター。現役時代は家にいることがほとんどなく、自分の日常の暮らしに目を向ける機会もあまりありませんでした。

60歳代になり、家にいてじっくりと、これまでの多くの旅を振り返って楽しみつつ、集大成としての執筆活動に取り組むライフスタイルにシフト。これにふさわしい暮らし方、住まいを整えようと考えました。

住まいは都心の一等地にあるマンションの一室です。大きくて美しい曲面のガラス窓から、広いリビングに日差しがふんだんに入ってきます。

ところが以前の室内はとても暗い印象でした。その主な原因は、玄関を入ってすぐにある、壁で囲まれ閉鎖されたキッチンにありました。これが広いリビングを分断し、室内の見通しを悪くしていたのです。せっかくの曲面の大きな窓のよさも活かされていませんでした。

そこで、キッチンは奥に移動し、キッチン↓ダイニング↓リビング↓書斎の順に空間をつないでいきました。玄関も含めて、仕切られているようで仕切られていない、オープンな一つの空間です。

書斎はリビングとひと続きで視界が開け、ゆったりと仕事ができます。キッチンはマンションの排水管の都合上、一段上がった床に設け、「ステージキッチン」と呼ぶようになりました。ステージキッチンから見渡す室内の景色は最高です。

左側のキッチンの壁が空間を分断し、窮屈で暗い印象だった。

曲面の大きなガラス窓が特徴の、明るいLDK空間。既存の家具やグリーンとのコーディネイトもセンスよく。写真左端のグレーの棒状のものは、リビングで旅の映像を楽しむときのプロジェクターのスピーカー。スクリーンはその前面の天井から下りてくる。

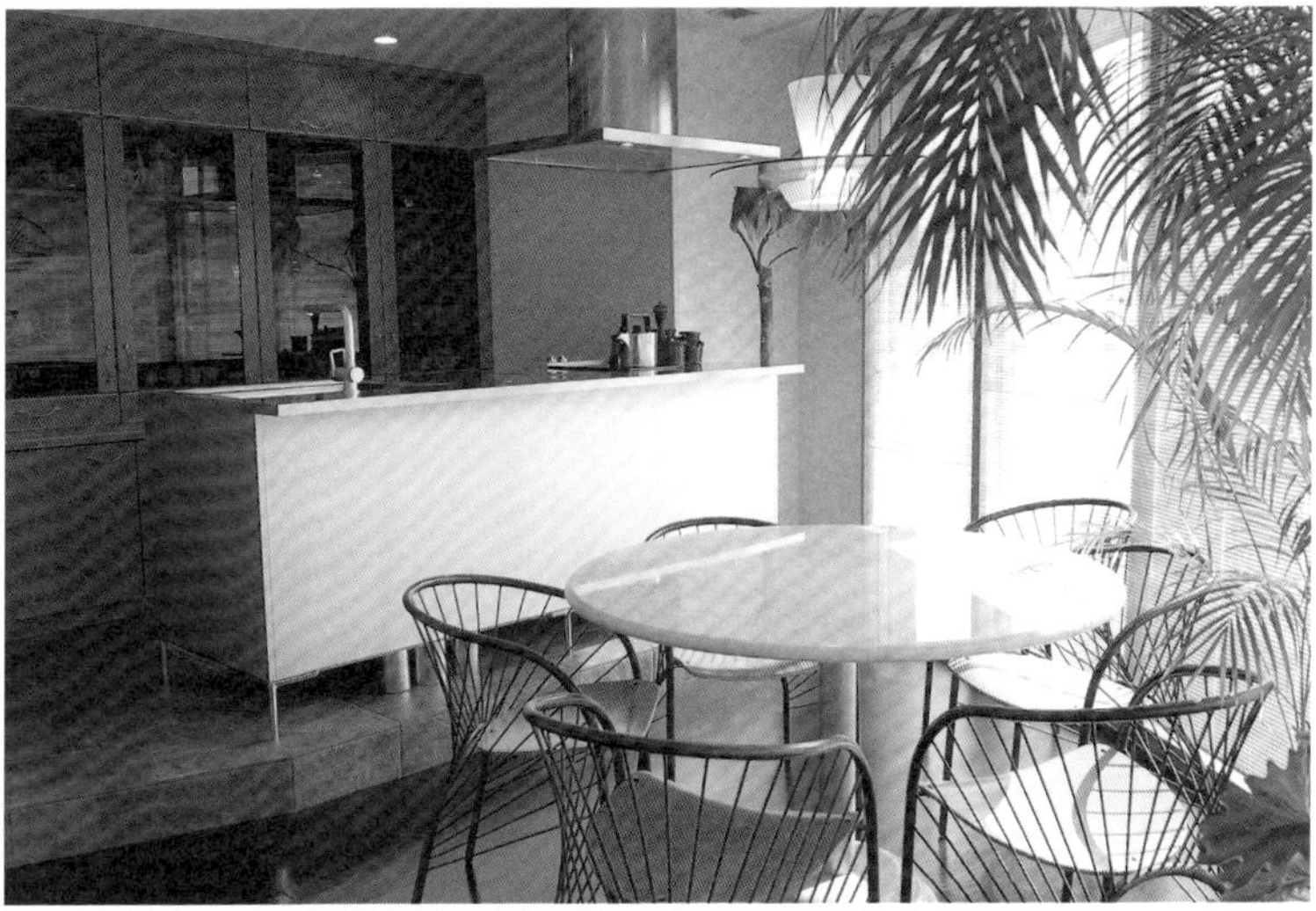

一段上がった床に設けた「ステージキッチン」。奥の木製の食器棚は以前からのもので、シンクのステンレスと相性がよく、ぬくもりを添えている。

「ステージキッチン」からの室内の眺め。右奥の書斎まで視界が広がっている。

BEFORE

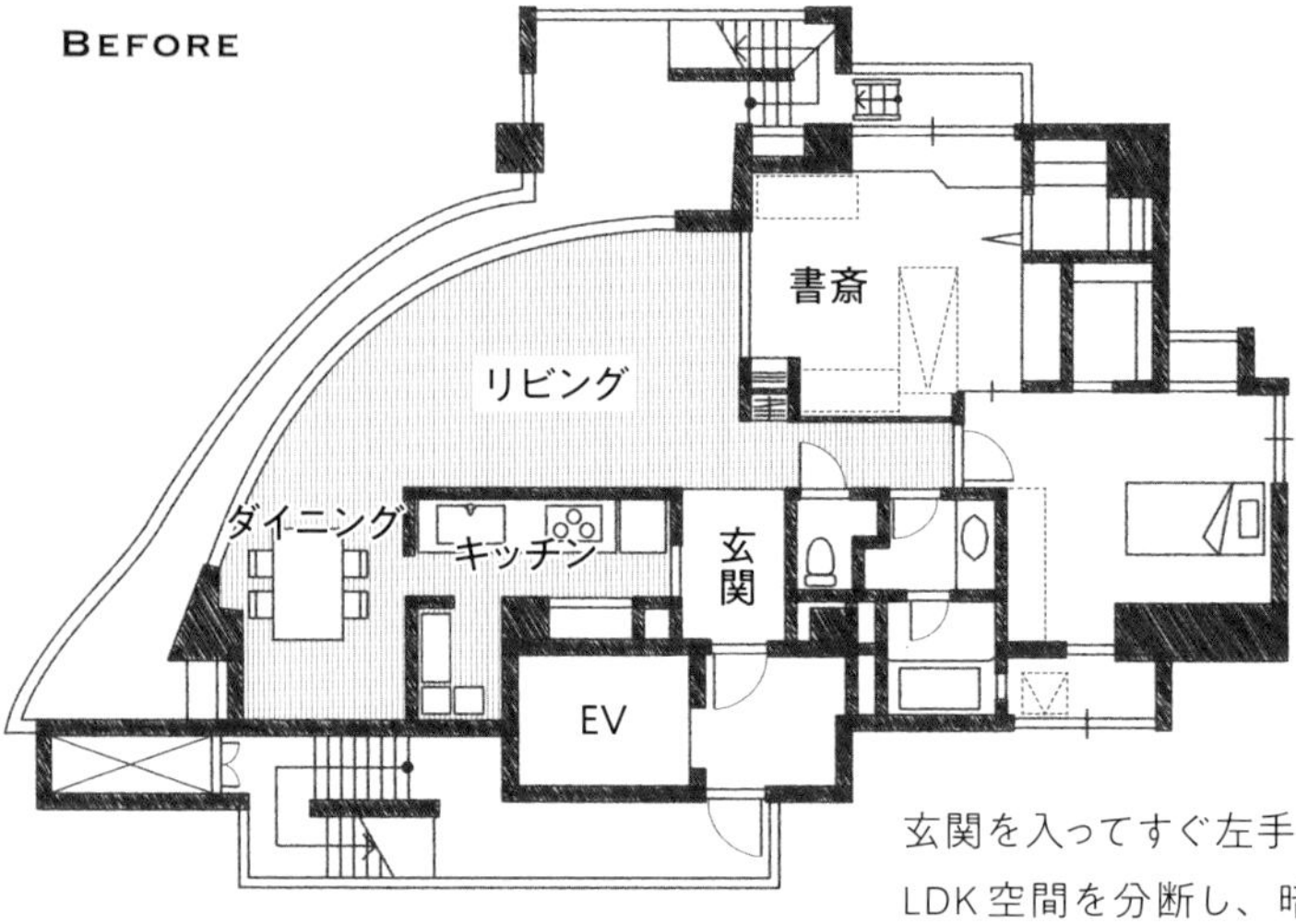

玄関を入ってすぐ左手にあるキッチンがLDK空間を分断し、暗い印象に。書斎は壁で囲まれ閉鎖的。

AFTER

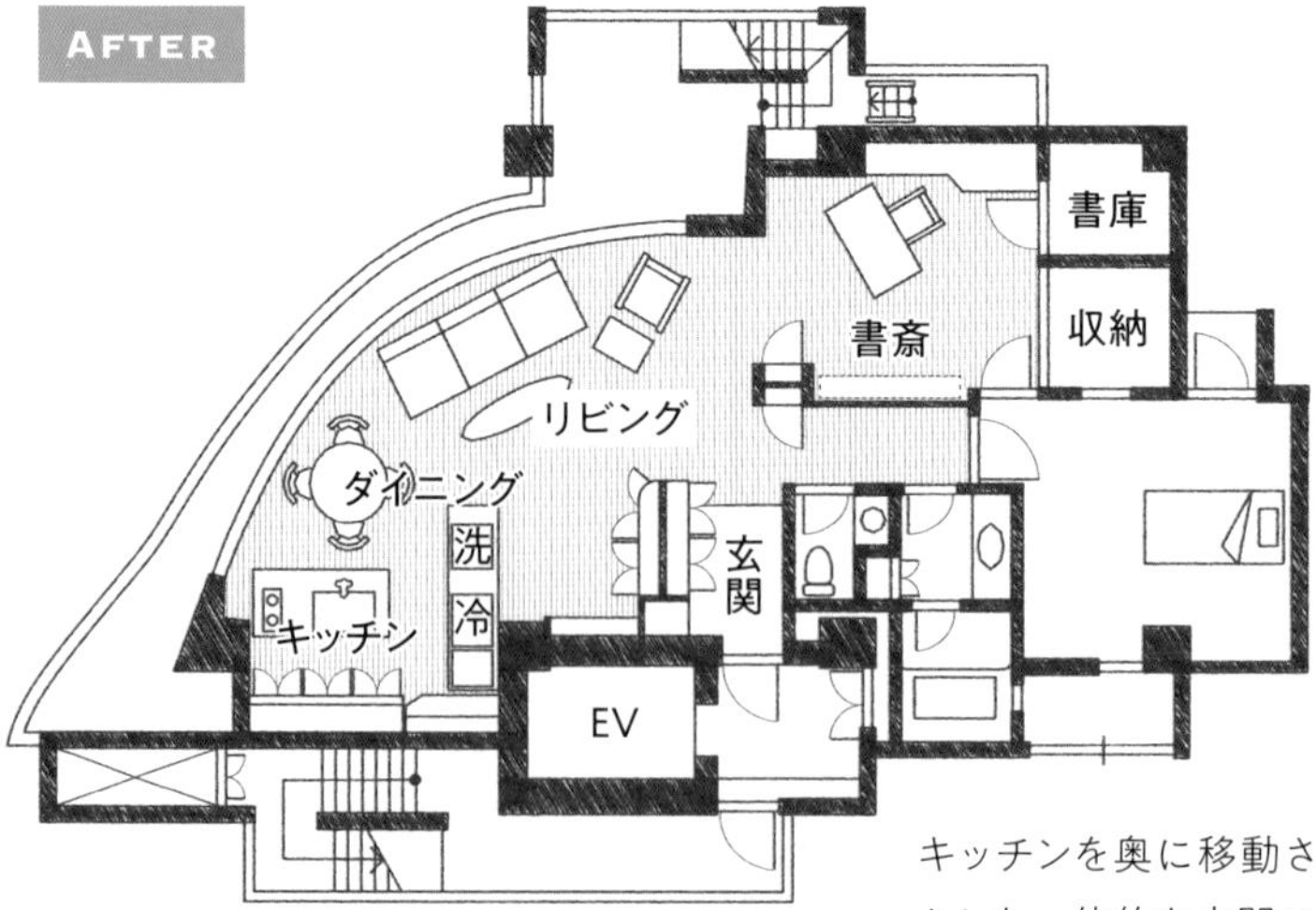

キッチンを奥に移動させることで、広々とした一体的な空間に。書斎もリビングとつながり、デスクをリビング側に向けることで、視界が広がり快適。

旅の思い出を堪能する

壮大なアルプスの山々、アフリカの迫力ある動物たちなど、旅先で必ず撮影していた素敵な映像を大スクリーンで鑑賞するのが一番の楽しみで、リビングのソファに座って観ることのできる位置にプロジェクターを設置しました。一人でくつろぎながら鑑賞するのはもちろん、友人や知人を招いて鑑賞会を開くこともあります。

これまで家の奥にしまわれていた、旅先で見つけたお気に入りの雑貨、おみやげ品なども、オープンにして飾ることに。飾るものやディスプレイを定期的に変えるのも楽しみです。玄関を入ってすぐ左手にある収納棚と、一枚壁を挟んだリビング側の収納棚や壁にも、ディスプレイ（魅せる収納）のスペースを設けています。

山積みになっていた仕事の資料の書籍や自身の著書も、リフォーム時に設計士にオーダーメイドした書斎の本棚にすっきりと収納しました。

前半の人生で世界中に足を運び集めた大切な宝物を、いつでも取り出せるようにして、豊かな後半人生を築いています。

玄関を入って左手とリビングにある“魅せるディスプレイ”。壁の上部は開けて、視界が閉ざされないよう工夫。

オーダーメイドした書斎の本棚。上は単行本など小さくて軽いもの、下にいくほど大きくて重いものがおさまるよう設計されている。

設計：株式会社ヴェルディッシモ　江口惠津子

CASE. 4

京都府
A邸

すべての部屋が庭に面する住まい

建築家との出会いを求めて

事業を営んでいるため、これまでは1階が会社、上階が住まいの職住一体の生活でした。長年、住まいが便利で安心な1階ではないという、漠然とした不安を感じながら過ごしてきたそうです。子どもたちが独立した後、夫80歳代、妻70歳代で、会社の建物とは別に夫婦のための家を建てることにしました。

土地は近所で新たに取得しましたが、東西方向に非常に細長く、特殊な形状をしています。せっかくなら、土地の形をうまく活かして他にあまり見ないような家をつくりたいと思い、自分たちと感性

©アトリエ・ブリコラージュ

現在の住まいは東西の方向に細長い土地に建つ。屋根の高さや形状が室内の空間ごとに違うのが特徴。

[家族構成]
夫、妻

[家の種類]
戸建て・新築

[家の広さ]
約132㎡

[居住年数]
5年

が合って、親身になってくれる建築家をとことん探しました。積極的に知り合いから情報をもらったり、建築家たちが催すイベントに参加したりしたことが成果につながりました。

思い描いたのは、とても明るい雰囲気の家。インテリアは、アンティークが好きなので、そういった家具や置き物に合うようにしたいとの希望もありました。建築家から「とくに気に入っているアンティーク家具をはじめに見せてほしい」といわれ、そこからプランやデザインの発想をふくらませてもらいました。

最高の庭の眺めと、さわやかな風

住まいを明るくするために大切なのは、日当

階段も庭に面し、明るくて快適な空間。

建物に沿って続く、細長い庭。

たりのよさです。細長い土地の北側に建物を寄せて、南側に庭をつくることで、すべての部屋が庭に面するプランとなりました。

大きなガラスの掃き出し窓で、室内からの眺めは抜群です。縁側やデッキがあり、そこから庭に出ることができて、自然とのふれあいを楽しめます。

他の部屋よりも南側に張り出しているリビングは、東側と西側の2方向に庭と窓があり、風がよく通り抜けます。夜になれば庭をライトアップ。昼間とはまた違った光景を味わうことができ、防犯にもなっています。

また、リビングの壁の上部には高窓をつくり、光を採り入れています。開閉の操作はリモコンでできて便利です。

©母倉知樹

南側に張り出し、東西の庭にはさまれたリビング。2方向から風がよく通る。

アンティークの品々を活かす

明るくて、アンティークが似合うインテリアにするために、建築家がすすめてくれた素材は、色が明るくて上質な雰囲気のあるオークでした。床をオークにして、これに合う建具や家具を建築家といっしょに探してまわり、決めていきました。

リビングのローテーブルやダイニングテーブルも、家の設計に合わせて建築家がオリジナルでデザイン。脚や手が触れるところを丸く削ったり、ローテーブルは真ん中の席に座るときに通りやすいよう天板にカーブをつけたりなど、随所にやさしい配慮が施されています。室内の家具類の脚元はすべて、ロボット掃除機が通り抜けできるよう工夫しているのも大きなポイントです。

アンティークが映える飾り場所を随所に。たくさん飾りすぎないようにするなど、見せ方を工夫している。

ボロボロだったクッション部分をリニューアルし、よみがえったお気に入りのソファと、オリジナルのローテーブル。ローテーブルの天板はカットして絶妙なカーブをつけ、ソファとの間を少し広くすることで通りやすくなっている。

ダイニングテーブルと、その左手に置いているキャビネットもオリジナル。キャビネットには毎日飲む薬を整理して入れている。

終の棲家としてバリアフリーを充実

この住まいを終の棲家にしようと、将来のことを考え工夫した点も多くあります。

2階にある寝室は、当初は一人ひとりの部屋とし、間仕切りをつくろうと考えていましたが、就寝時に互いの健康の状態を確認できるよう一つの部屋としました。一方で、いつでも2部屋に区切り、入り口も別々に設けられるようにしています。

1階・2階の引き戸のついた収納スペースは、将来、必要があれば、1階の天井をなくして上下階を貫き、ホームエレベーターを設置することもできるつくりになっています。

また、トイレ内の洗面台は、座るときや立ち上がるときに手を添えたり、伝い歩きができて手すりの代わりになったりするよう、形状を工夫しています。

快適さに加え、安心、安全面も考えぬかれた終の棲家です。

2階の寝室。入り口を2つにし、間仕切りを設けることもできる。

将来、ホームエレベーターを設置するスペースに転用できる収納。

伝い歩きができ、手すりの代わりになる洗面台のついた、安心のトイレ。

現在も階段など要所には、安全のため手すりを設置している。

 設計：株式会社アトリエ・ブリコラージュ一級建築士事務所　奥野八十八

COLUMN

3Dプリンターの家

3Dプリンター住宅とは、設計図に従い、建築用3Dプリンターでコンクリートを連続して射出しながら住宅の構造体をつくっていく住宅のことです。

現在、米国ではテキサス州オースチンで8種のプラン、24種のおしゃれな外観デザインで、100棟の住宅団地の予約がスタートしています。開発が進めば、住宅プランもさらに多様で、より魅力的に進化するでしょう。

日本ではスタートアップ企業が、50㎡で550万円の3Dプリンター住宅を限定販売。現場での組み立ては約1週間です。工場であらかじめ大きな壁体パネルを射出成形機で製作し、現場では建築の法規制を考慮して、鉄筋を挿入しながら数枚のパネルをつなぎ合わせています。地球環境への面では、CO_2排出量の削減が期待できます。

今後、デザイン性・プランの多様性・施工業者の育成など開発が進むことでしょう。建築基準法との整合性や大幅な合理化によって、購入しやすい住宅になりそうです。大手ゼネコンも開発と試作を進めています。

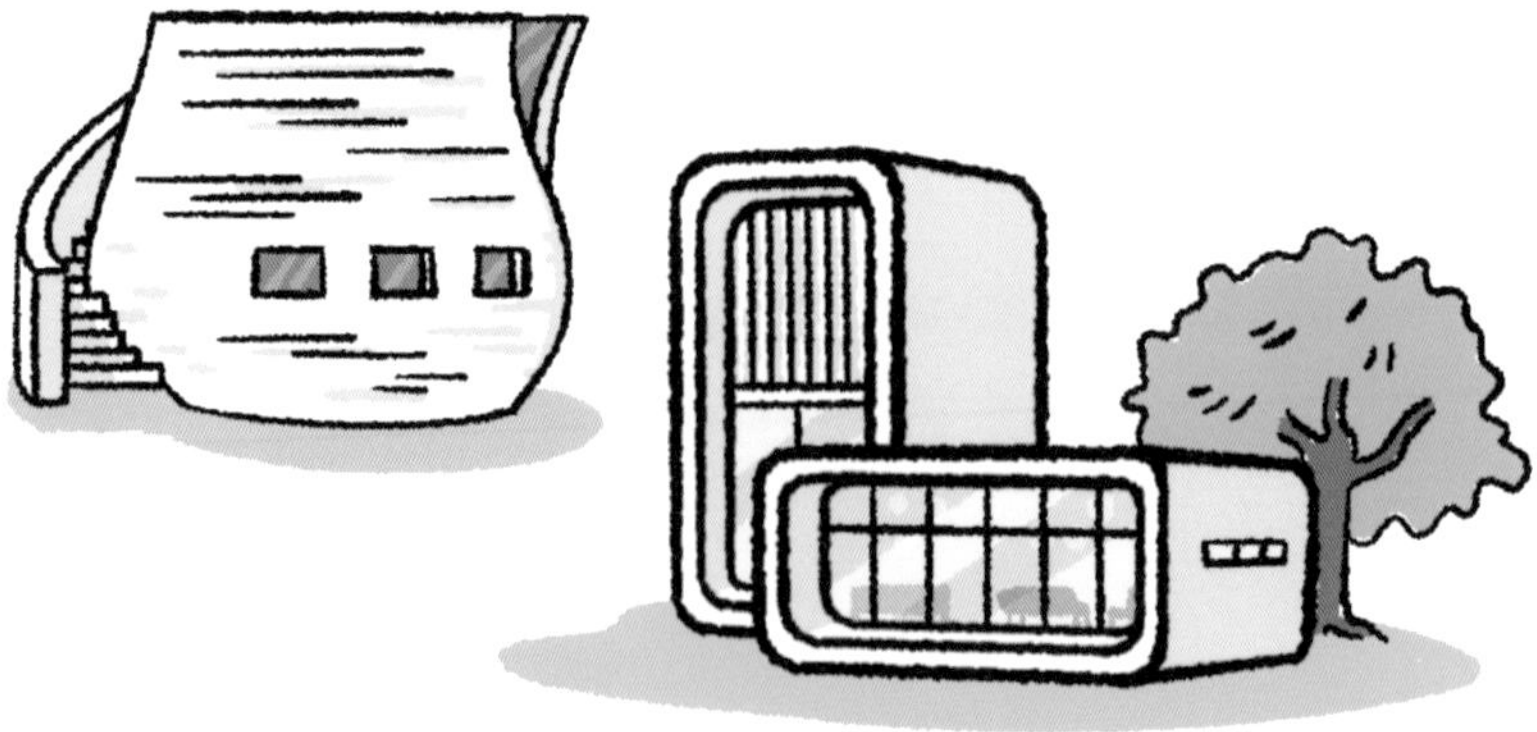

第5章

ずっと安心、安全な住まい

01 いずれ介護が必要になっても

住み続けるか、住み替えかの判断ポイント

人生の後半に入って20～30年くらいは、健康で活動できるアクティブシニア期です。その後は、体力の低下や病気などで積極的には動けなくなり、あきらめや我慢が増えるギャップシニアに移行します。そしてついには、骨折や病気が原因で、家族やヘルパーなどの手助けが必要な要介護期に至るというのが一般的です。こうした人生の経過を踏まえつつ、まずは、現在の家に住み続けるか、住み替えるかを考えましょう。

住み続けるメリットは、愛着のある自宅、地域で、友人や知人とのおつきあいを続けていけることです。アクティブシニアでいるあいだは、住まいにかける費用もメンテナンスが中心で、それほどかからないでしょう。

しかし、ゆくゆくは介護が必要になるのに備えて、間取りの改善、バリアフリー化、浴室・ト

イレなど水まわりの一新、室温を快適に保つための断熱性の向上などをはかる必要がでてきます。住まいの老朽化が進んでいて、プランにも大きな変更が必要となると、修繕やリフォームの費用がふくらみます。多額の資金をかけるなら、今のうちに住み替えや建て替えをしておくという選択もよいでしょう。

手すり設置の備え、車いす使用の備え

子どもが巣立っていった後の家にそのまま住み続けるとなると、スペースを持て余してしまうことも予想されます。体力が落ちてきたときには、使わなくなった部屋の掃除、庭の手入れなど、維持管理が負担になるでしょう。そう考えると、できるかぎりコンパクトな住まいが無難だといえます。

人生の最期を自宅で迎えたいと望んでいる人も多くいるはずです。その頃が近づけば、介護サービスを受けながら無理なく暮らせるよう、住まいを整える必要があります。

車いすを使うのは、一般的に要介護3以上です。家の中での移動は、歩行能力があれば、杖や手すりの助けを借りて自分の足で可能です。将来、手すりの設置が問題なくできるよう、壁下地

の強度を確保するなど対策をしておくとよいでしょう。

歩行が困難になった場合、ベッドから車いすへの移乗の練習をすると、車いすで動きまわることが可能になります。自分でトイレに行けるようになり、自分の意思で外出することもできます。住まいを車いすが使えるプランにしておくと安心です。車いすでの方向転換（回転）が可能なだけのスペースを、動線上の要所にいくつか確保するのがポイントです。

ある程度の歩行能力があれば、家の中では手すりやポールの設置で対応できる。
部屋の出入り口など開口部にも手すりを付けることが可能。踏切の遮断機のように開閉できる手すりなどもある。

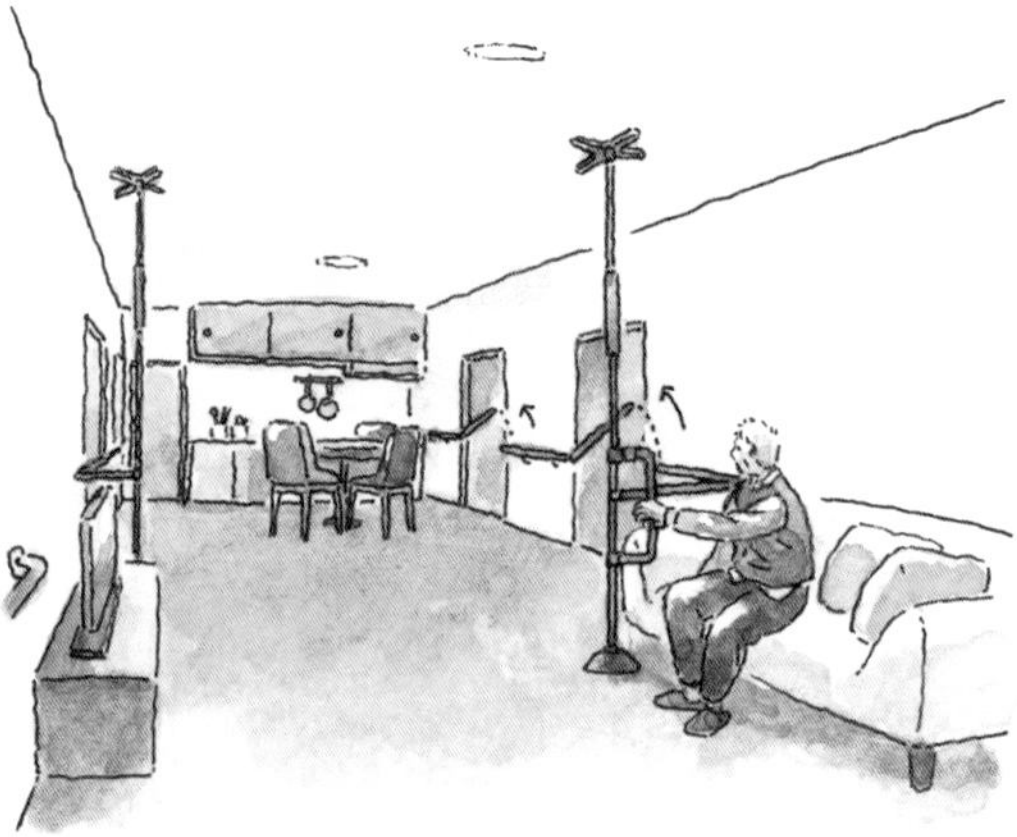

車いすが使えるプランの例

車いすに対応できる住まいは、車いすが通れる幅だけでなく、方向転換のために回転ができるスペースを取ることが大切です。玄関をはじめ動線が枝分かれするところに、直径150cm以上の円形のスペースを想定しています。

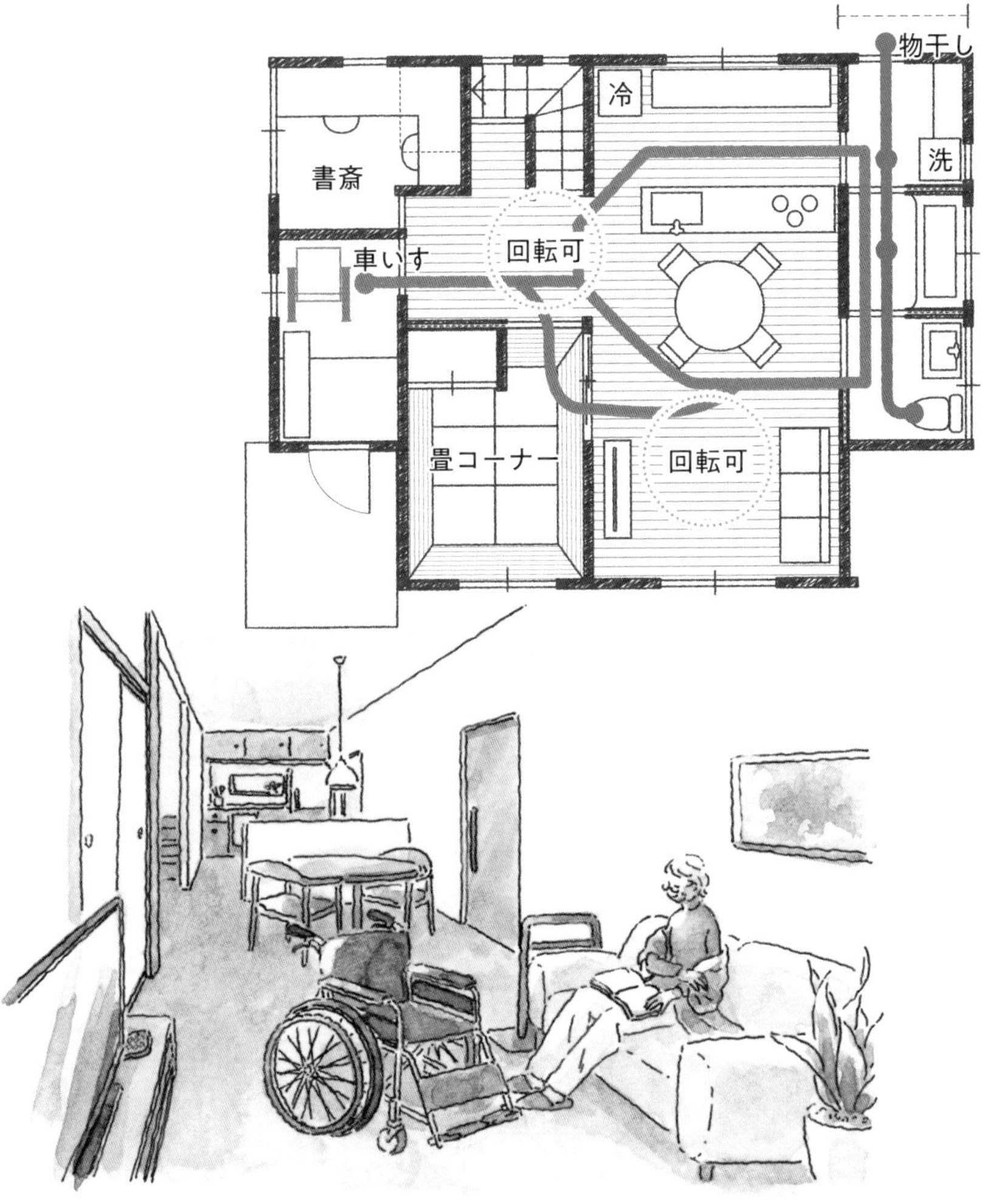

最期を迎えることができる住まいの例

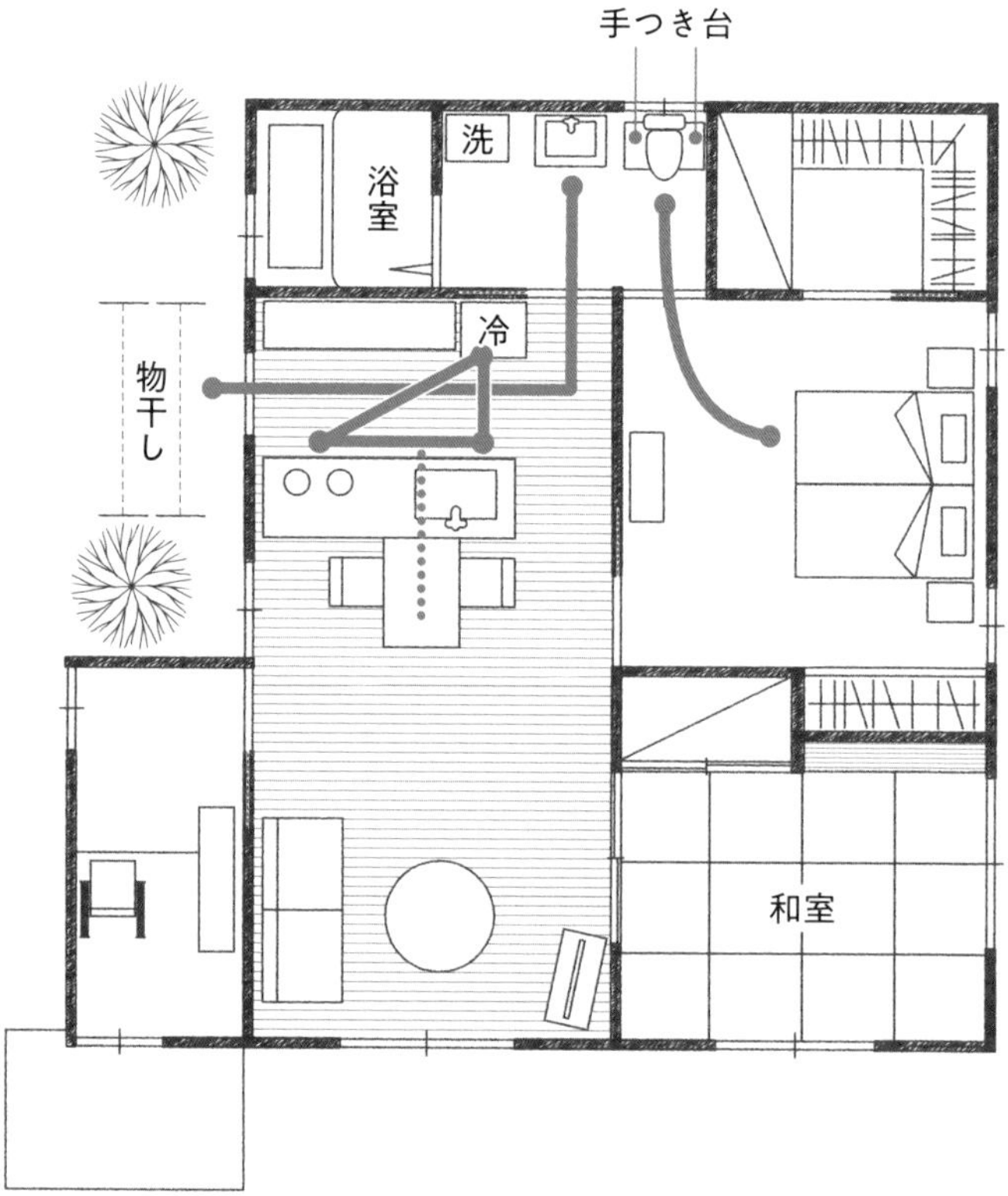

コンパクトでムダな動きのない住まいです。リビング、寝室、水まわりはワンフロアにおさめ、シンプルな動線をつくり、階段はありません。寝室からすぐにトイレに行けることも重要です。トイレは洗面室などと一体化して広くし、手つき台を設置するか、立ち上がりやすくするために、洗面台を横に配置します。
扉は、車いすに乗った状態でも開閉がラクな片引き戸に。折れ戸がよい場合もあります。
和室は子どもや孫、友人が泊まるときなどにも活用できます。

寝室とひと続きのトイレの例

寝室の収納スペースだったところなどを活用し、１畳大のトイレ・洗面を設けます。洗面が手すりの代わりになり、手をかけて引く力でラクに立ち上がれます。

スペースに余裕があれば、寝室のベッドから、ベッドの横の台、洗面台などに手をつきながら移動し、手つき台の付いたトイレにすぐに行けるようにします。

体が思い通りに動かなくなった場合でも、トイレに自分で行けるようにしておくことは重要です。

アクティブシニアの住まいの改善例❶

現在の家に住み続けるという選択をし、将来の介護に備えるためのリフォームを行う例です。

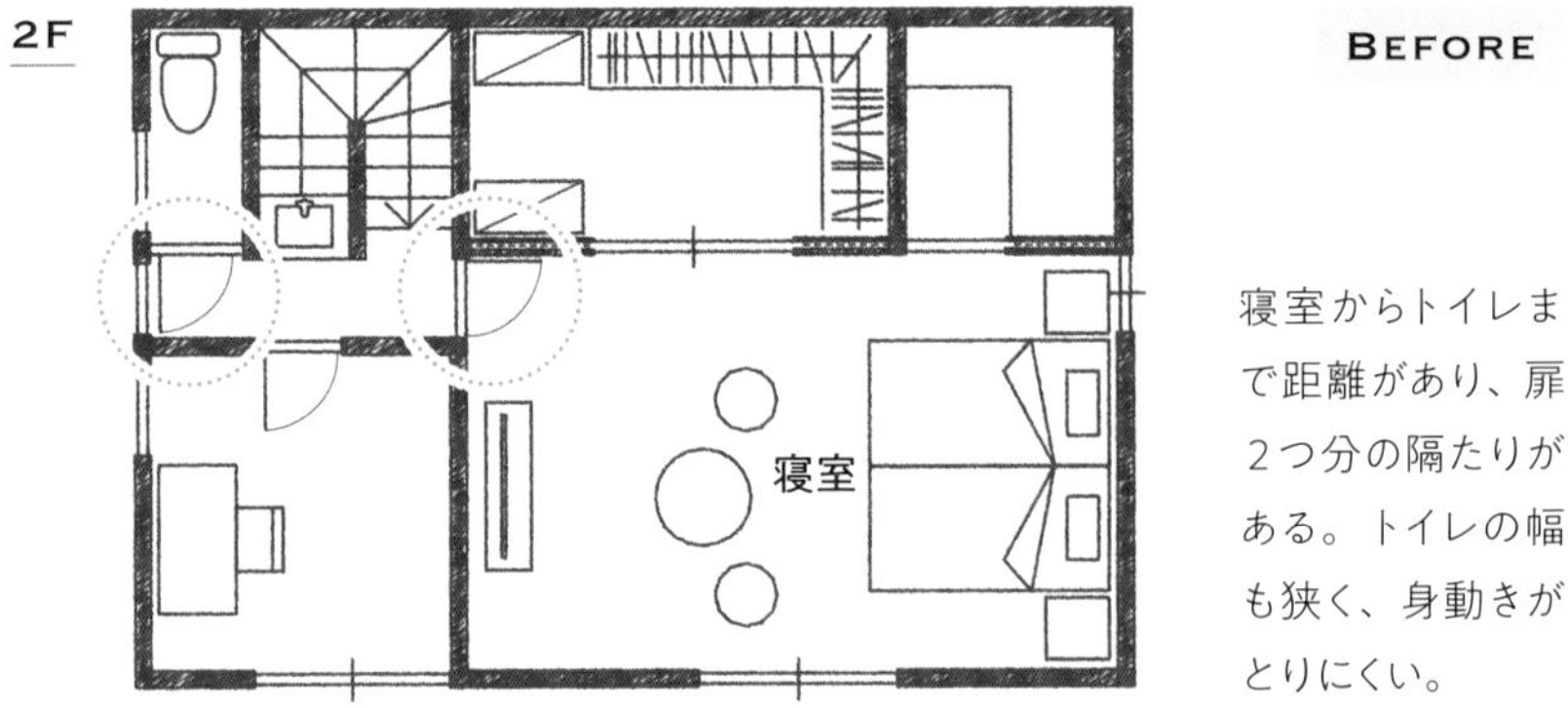

寝室からトイレまで距離があり、扉2つ分の隔たりがある。トイレの幅も狭く、身動きがとりにくい。

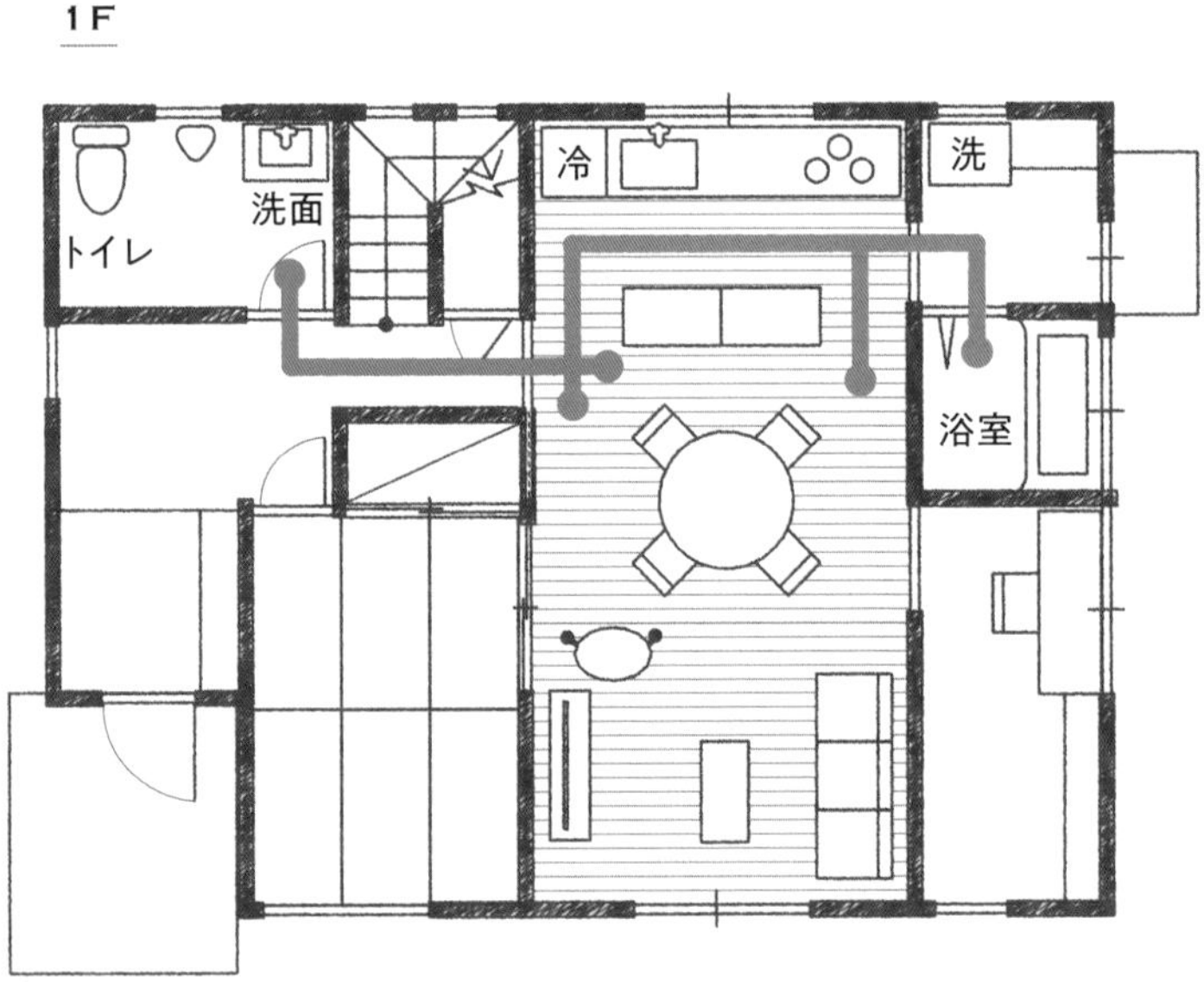

浴室に行くには、キッチンの脇の狭いスペースを通らなければならない。トイレ、洗面もLDKの外にあり、廊下を通って行かなければならない。

□ 歩行が困難になっても自分でトイレに行けるように、２階のトイレと寝室（ベッド）をひと続きに。介助者と２人で入れる広さも確保。

□ 入浴時、必ずキッチンを通らなければ、浴室に行けなかった不便さを解消。

□ リビングからトイレ・洗面が遠かったのを解消（要介護者の移動、キッチン作業と水まわり清掃の同時・ながら作業をスムーズに）。

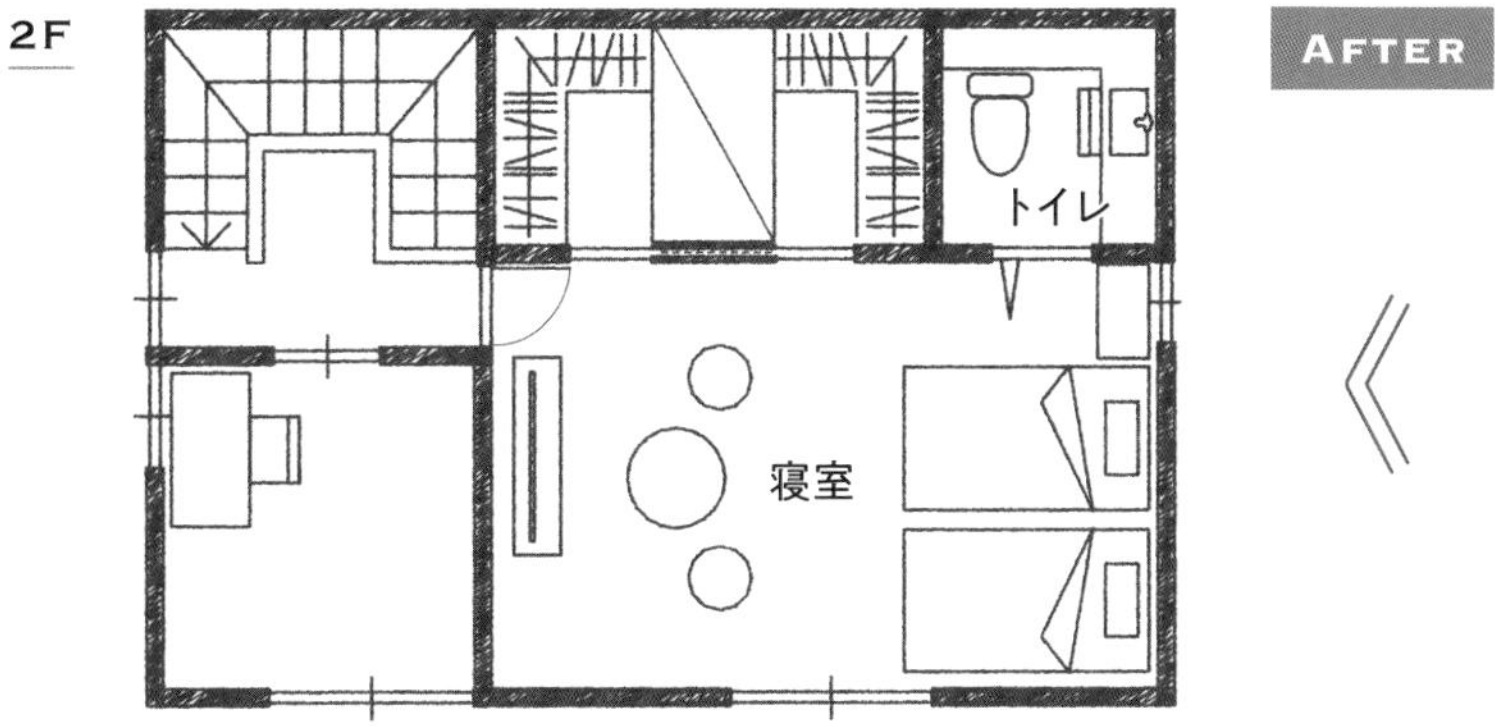

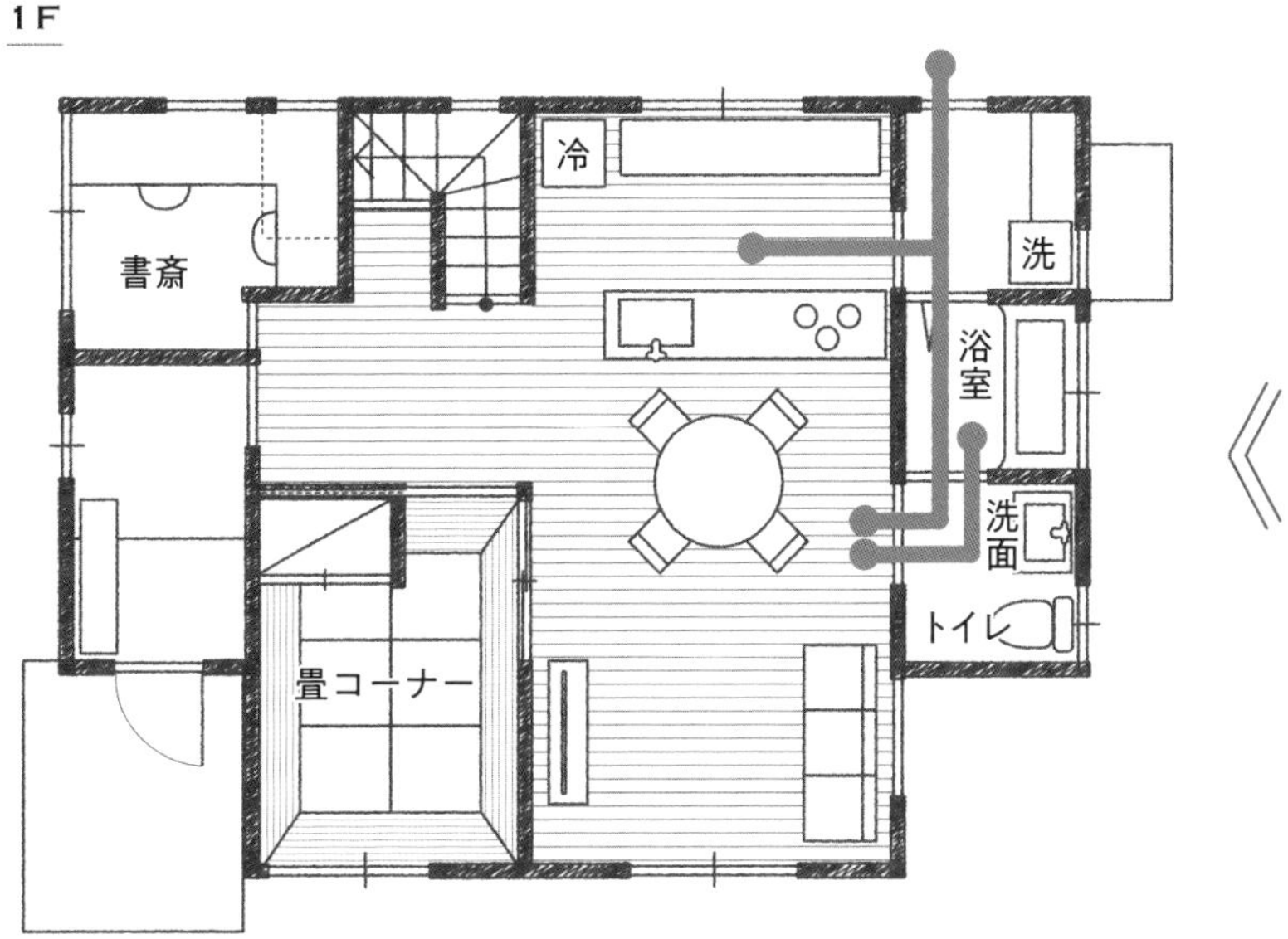

アクティブシニアの住まいの改善例❷

リビングに続く和室は、季節品の飾りつけなど和を楽しむ部屋、来客時の寝室として利用。将来、2階での生活が困難になったときには寝室とします。

部屋の扉は車いすでも通りやすいよう引き戸に変更し、トイレ・洗面・脱衣・浴室は介護に備えてワンルームの設備にしています。

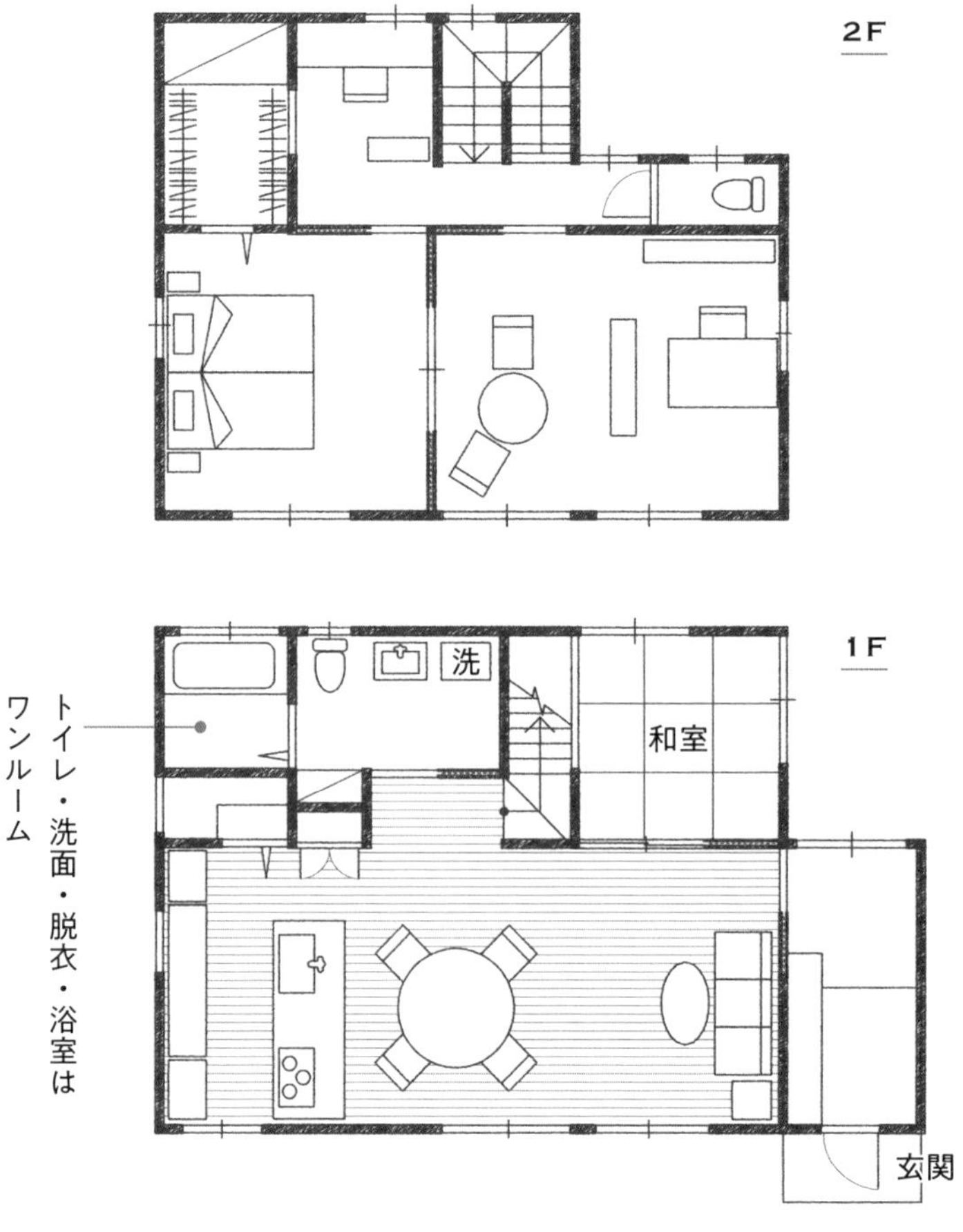

02 災害への備えを十分に

危険な場所は避けるようにする

自然災害の頻度や規模は年々増してきています。地震や津波、気候変動の影響による台風、大雨、洪水、大雪、土砂崩れ、火山の噴火など、日本で起こりうる災害はさまざまです。これらの対策を住まいに十分に施しておくことも、人生後半を安心して暮らすうえで重要です。

これから住みたいと思う場所が、災害の危険性の高い地域でないかをまず調べてみましょう。その際、「ハザードマップ」が役立ちます。ハザードマップとは、各市区町村が地震、津波、洪水、土砂崩れなど災害の種類ごとに、過去の災害情報などをマップに落として作成したものです。

また、急な坂道を通らなければ外出できないなど、体に負担のかかる土地も、できるだけ避けるようにしましょう。これから先は体力が減少することも想定しておきましょう。

住まいの耐震性をチェック

　これまで住んでいた家に住み続ける場合や、中古の物件に住み替える場合は、耐震診断を行っておきましょう。建築基準法など法令で規定されている現行の耐震基準をもとに、建物の耐震性能を確認することができます。木造の場合は、一般財団法人日本建築防災協会のホームページに掲載されている「誰でもできる わが家の耐震診断」を活用するのもよいでしょう。専門家に相談すると確実で､安心です。診断の結果、耐震性に問題があれば、耐震補強工事を行いましょう。

　平屋は2階建てと比べると、地震には比較的強いといえます。ただ、浸水や洪水の際には上階に避難できないなどデメリットもあります。浸水対策としては、盛り土をする、床を高くする、塀をつくる、防水性のある外壁にするといった方法があります。

停電や断水に備える

災害時に起こる停電などへの備えも大切です。最近では、太陽光発電システムと家庭用蓄電池を採用するケースが増えています。自然の太陽光で電気をつくるため無尽蔵であり、つくった電気を蓄電池に貯めておくと夜間や雨天時などに利用できます。

非常用の貯水タンクも備えておきたいものの一つです。電気温水器は貯水タンクとしても役立ちます。

非常時の食料や飲み水は、最低でも３日分は必要だといわれます。これらを置いておくスペースを確保することも忘れないようにしましょう。大きめのパントリーや床下収納を設けたり、ＬＤＫ収納（46・47ページ）の食品のゾーンを充実させたりするとよいでしょう。

03

健康に過ごせる環境づくり

住まいの断熱性能を高める

年齢を重ねるととくに、冬はあたたかく夏は涼しく過ごすことができ、体への負担の少ない住まいを意識しなければなりません。

家の中で温度差ができると体への負担が大きくなります。暖房の効いたあたたかいリビングから寒いトイレ、浴室などに行ったときのヒートショック（温度差で血圧が急激に変動し、心筋梗塞や脳卒中を起こす）には注意が必要です。

最近の住まいでは、家全体の断熱や気密性能を高めることで、こういった問題はずいぶん解消されています。家の外の暑さ、寒さを遮断することで室温の変動が少なくなり、冷暖房がよく効いて省エネにもつながります。部屋の中の高いところと低いところの温度差も小さくなるので、冬の暖房のあたたかい空気が上のほうに行き、頭がボーッとするといったこともなくなります。

断熱性能を高めることは、結露やカビの対策としても有効です。室内側の壁や窓の表面温度と室温との差が小さくなるため、結露が発生しにくくなります。結露はカビの原因となるので、結露が発生しにくくなれば、カビを防ぐことにもなります。

窓を二重サッシに変更し断熱性を向上させたり、とくに夏場は西日の当たる窓にすだれやよしず、植物の〝緑のカーテン〟を設けて、外側で遮熱したりするだけでも省エネで快適になります。

風通しをよくする工夫

家の中の風通しをよくすることも健康・快適に過ごすためには重要です。夏場に風が通ると涼しく感じられるほか、換気によって部屋にこもる湿気や空気の汚れを外にだすことができます。風の通り道を確保するには、夏をベースに、風向きの方向に大きく窓をつくり、反対側や対角線にも風が通り抜ける開口部をつくります。窓の前に大きな家具やモノが置かれて、開かない窓になってはいないでしょうか。この機会にすっきりと片づけて、窓を活用しましょう。

できれば中庭をつくり、それを囲むように部屋を配置すると、家のすみずみまで風が通りやすくなり、光も入って明るく気持ちのよい空間になります。

04

省エネをかなえる

省エネ仕様の住まい

地球環境や光熱費の削減を考えると、住まいの省エネはとても大切なテーマです。住まいの断熱・気密性能を高めると冷暖房にかけるエネルギーとコストを少なくすることができ、同時に健康的に過ごすことができます。

政府は、このような断熱性能に優れ、エネルギー消費の少ない設備を使い、太陽光などでエネルギーをつくって、年間に消費するエネルギー量を100％削減できる住宅を「ZEH（ゼッチ）」（ネット・ゼロ・エネルギー・ハウス）として普及を推進しています。ZEH住宅を建設する場合、補助金制度があります。

最近、注目されているのは家庭用太陽光発電と家庭用蓄電池を併用し、つくった電気を貯められるシステムです。自然の太陽光で電気を自給自足し、消費電力を100％削減できれば、地球にも家計にもやさしいでしょう。

植栽、すだれなど昔ながらの工夫も

断熱・気密性能を高めることのほかに、窓の外側で日差しの熱を遮ることも大切です。樹木を植えたり、ツタになる植物で〝緑のカーテン〟をつくったり、すだれを取り付けるのも効果があります。一般的にブラインドがよく用いられますが、窓の内側に付けていると、外側の日差しの熱を遮る効果はないので、外付けのものがおすすめです。

夜になって、家の外は涼しいのに中は暑く、ずっと冷房をつけてしまうことはよくあります。これは、昼間の日差しで熱せられた窓や壁が、夜になってもそのまま熱を保有していて、輻射熱《ふくしゃ》として家の中に熱を発するからです。昼間に家の外側から日差しの熱を遮っておけば、窓や壁が保有する熱も少なくなり、夜間の家の中の暑さも軽減できます。これによって冷房の運転時間も短くてすみ、省エネにもつながるわけです。

また、風通しの効果も大きいもので、室温が外気とさほど変わらないとき、風が入ってくると涼しく感じられます。窓を2方向に設けておくこともポイントです。

05

プランと設備で防犯対策

侵入者を寄せ付けない

高齢になってからの住まい、とくに女性が一人で暮らす場合は、防犯対策も強化しておきたいものです。マンションはセキュリティー対策が行き届いているところを選ぶと安心ですが、戸建てはプランニングと設備の両面からの配慮が必要です。

侵入者が近づくのを防ぐには、近隣や通行人からの敷地内の見通しをよくすること、暗がりをつくらないことが大きなポイントとなります。高い塀や木などで建物を囲んでしまわないように注意し、照明も活用するとよいでしょう。人が近づくとパッと点灯するライトなども効果的です。防犯カメラやモニター付きインターフォンも抑止効果があります。

勝手口、2階のバルコニーや窓は侵入口になりやすいので要注意です。柵などの障害物を設けたり、歩くと音の出る砂利を敷いたりしましょう。また、2階にのぼりやすくなる足場（雨どいなど）は、外から見えやすいところに設置します。

長時間にわたって家をあけるときは、室内の照明をつけておくのも防犯のアイデアの一つです。

侵入口をしっかりガード

玄関、勝手口、窓といった侵入口をしっかりガードすることも大切です。鍵のかけ忘れには注意しましょう。侵入に手間取り、10分以上の時間がかかると犯行をあきらめるといわれています。鍵を複数つけておくと、見ただけでも手間と時間がかかることがわかり、抑止効果があります。窓には割れにくく加工された防犯ガラスが安心です。

鍵の防犯性を高めることも検討しましょう。よくある手口のサムターン回し（外から鍵のツマミを回す操作をして開ける）にはサムターンカバーを。防犯サムターンも種類が豊富で、スイッチを押しながらでないとサムターンが回らないなど工夫されています。

ピッキング（鍵を特殊な工具などでこじ開ける）対策としては、構造がシンプルなディスクシリンダー錠やピンシリンダー錠を避けることです。構造が複雑なロータリーシリンダーやディンプルキー、鍵穴のないカードキー、電子ロックなどがよいでしょう。

TOPIC

50歳からの住まいに平屋は最適？

フラットなワンフロアはメリットが大きい

子どもたちが巣立ち、同居する家族が少なくなる人生後半の住まいとして、平屋を選ぶ人も少なくありません。

平屋は階段の上り下りがないので、足腰が弱くなる老後には安心です。ワンフロアの中でも段差をなくしてフラットにするなど、移動がラクなようにしておくとよいでしょう。

フラットでシンプルな間取りにすると掃除もしやすくなります。年齢を重ねると、これまでの何倍も掃除が負担に感じられるので、対策は重要です。

平屋は構造的にも、2階建て以上より地震に強いのがメリットです。上階があると、それを支える壁や間仕切りが1階に必要となりますが、平屋は気にすることなく、容易に間仕切りをはずすなどのリフォームができます。

コストは意外にかかる!?

平屋はコンパクトであるという理由で選ばれることも少なくないでしょう。しかし、すべての部屋が1階になるため、どうしても敷地は広く必要になります。

また平屋の建築費は、2階建てに比べると、おおむね2割ぐらい割高になります。床面積あたりの、基礎や屋根の面積が広くなるからです。一方、2階建てに比べてメンテナンスにかかる費用は少なくてすみます。足場が必要な補修工事が少なく、また、軒が十分にあれば、雨などが外壁や開口部にあたるのを軽減でき、それらの補修費用も少なくなります。ただし、長い年月、補修を重ねながら住み続けるとしたなら、平屋と2階建てにかかるトータルコストは、ほとんど変わらないと考えられます。

じつはマンションも平屋？

ワンフロアでコンパクトという条件を考えたとき、戸建ての平屋ではなく、マンションが選ばれるケースもよくあります。マンションの2階以上でも、たいていエレベーターで上がれるため、その点では不自由はなく平屋と変わりはありません。

以前は、マンションなど集合住宅の1戸で2階分を使い、中に階段があって2階建てのような感覚で住まうメゾネット形式が人気でしたが、最近では平屋を好む家庭が増え、メゾネット人気も下火の傾向にあります。

また、平屋はとくにセキュリティー対策が大切ですが、セキュリティーが充実したマンションであれば、戸建ての平屋で対策を練るよりも容易です。

ただ、自然とのふれあいを楽しめるという面では、マンションはあまり期待できず、庭のある戸建てのほうが向いています。

平屋プランの例❶　高齢期の介護にも対応

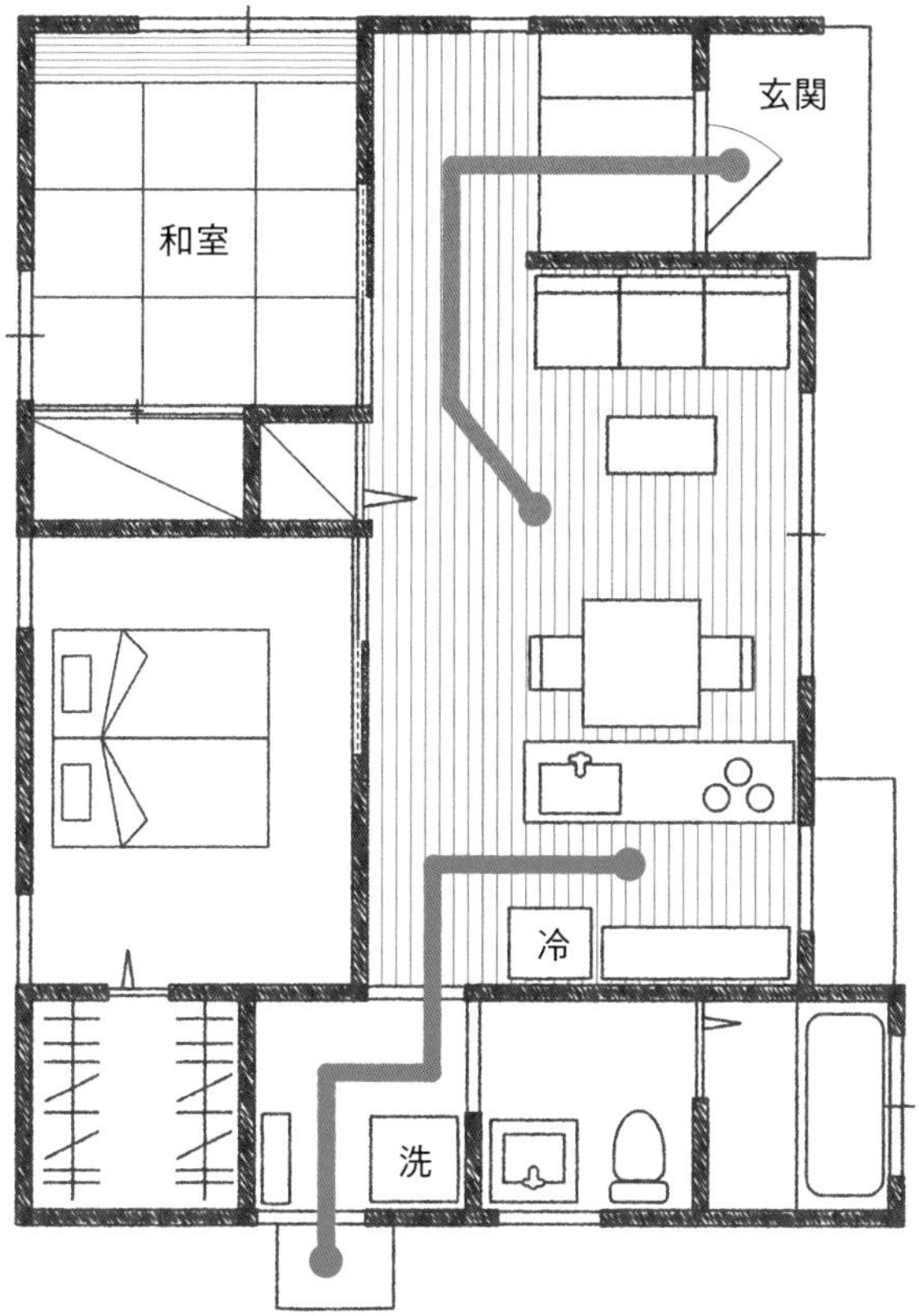

家族でコミュニケーションがとりやすいよう、玄関からすぐにLDKへと続けています。キッチンから洗濯室、外の物干しに移動しやすく、家事がスムーズです。また、トイレ、洗面、浴室のスペースをゆったり続けたので、高齢期の介護もラクにできます。

平屋プランの例❷ 「コの字型」の家

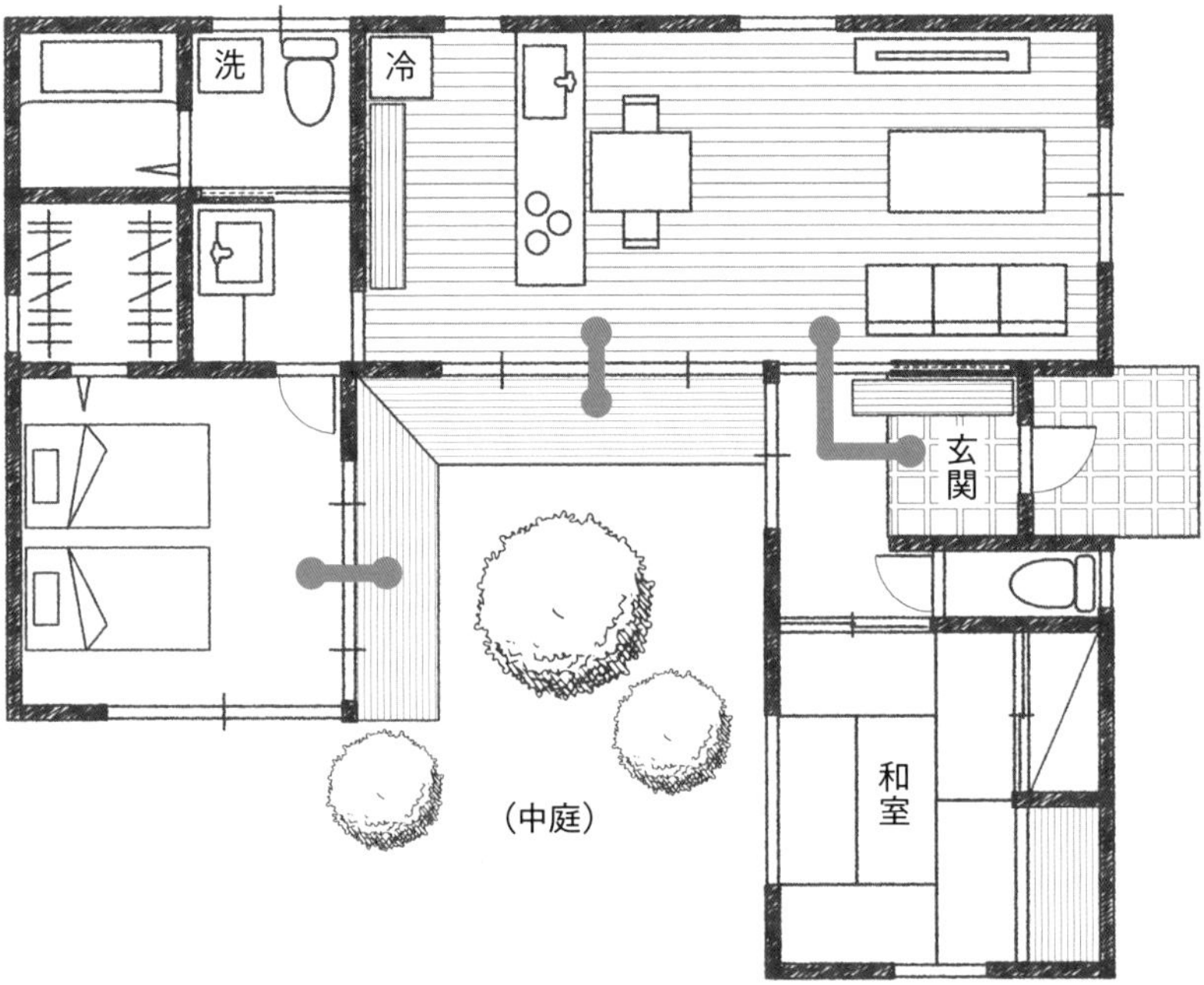

中庭を囲むコの字型で、採光・通風のよいプランです。室内と中庭をつなぐ縁側は開放感を与えてくれます。玄関から直接にLDK空間に入ることができ、家族のコミュニケーションをうながします。和室は落ち着きのある客間として利用することができます。

平屋プランの例❸　自然とのつながりを大切に

中庭があり、LDKが明るく開放的で、自然とのつながりのよい家です。トイレ、洗面室は、主寝室側・ダイニング側の2カ所から出入りできるので、昼夜を問わず便利です。キッチンとダイニングの動線、キッチン横の洗濯室からユーティリティー（雨天時の物干し場にもなる）や屋外の物干し場への動線もスムーズです。奥にある和室は多目的な第二のリビングとして、接客空間としてなど、さまざまに活用できます。

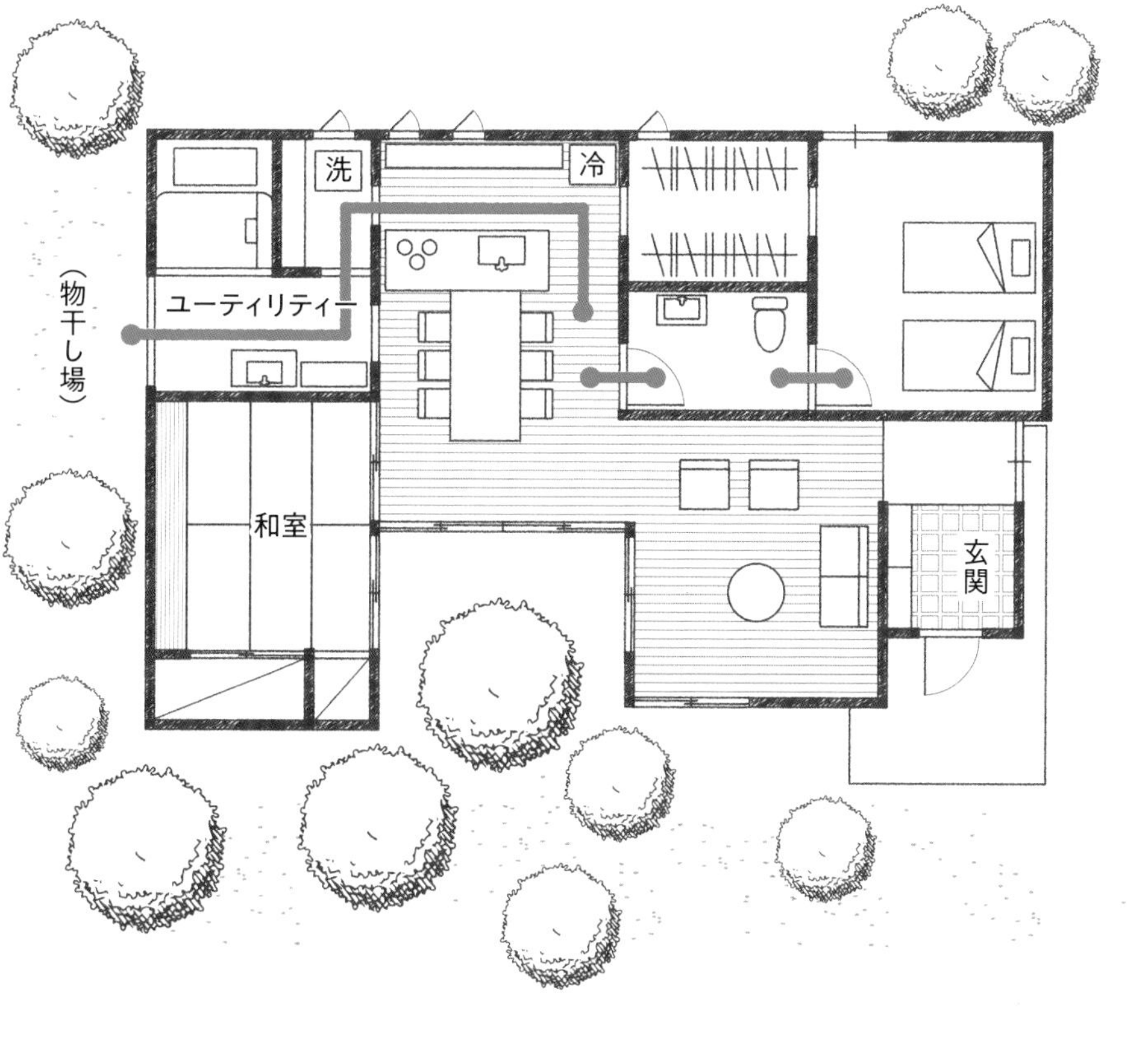

平屋プランの例❹　アウトドアリビングで楽しさアップ

キッチン、ダイニングとひと続きになったアウトドアの第二のリビングで、LDKでの団らんがより楽しくなります。キッチンとダイニング間の動線、キッチンから洗濯室、物干しへの動線もスムーズです。玄関の広い土間空間は、観葉植物を置いたり、応接コーナーとしたりなど、さまざまな活用法が考えられます。

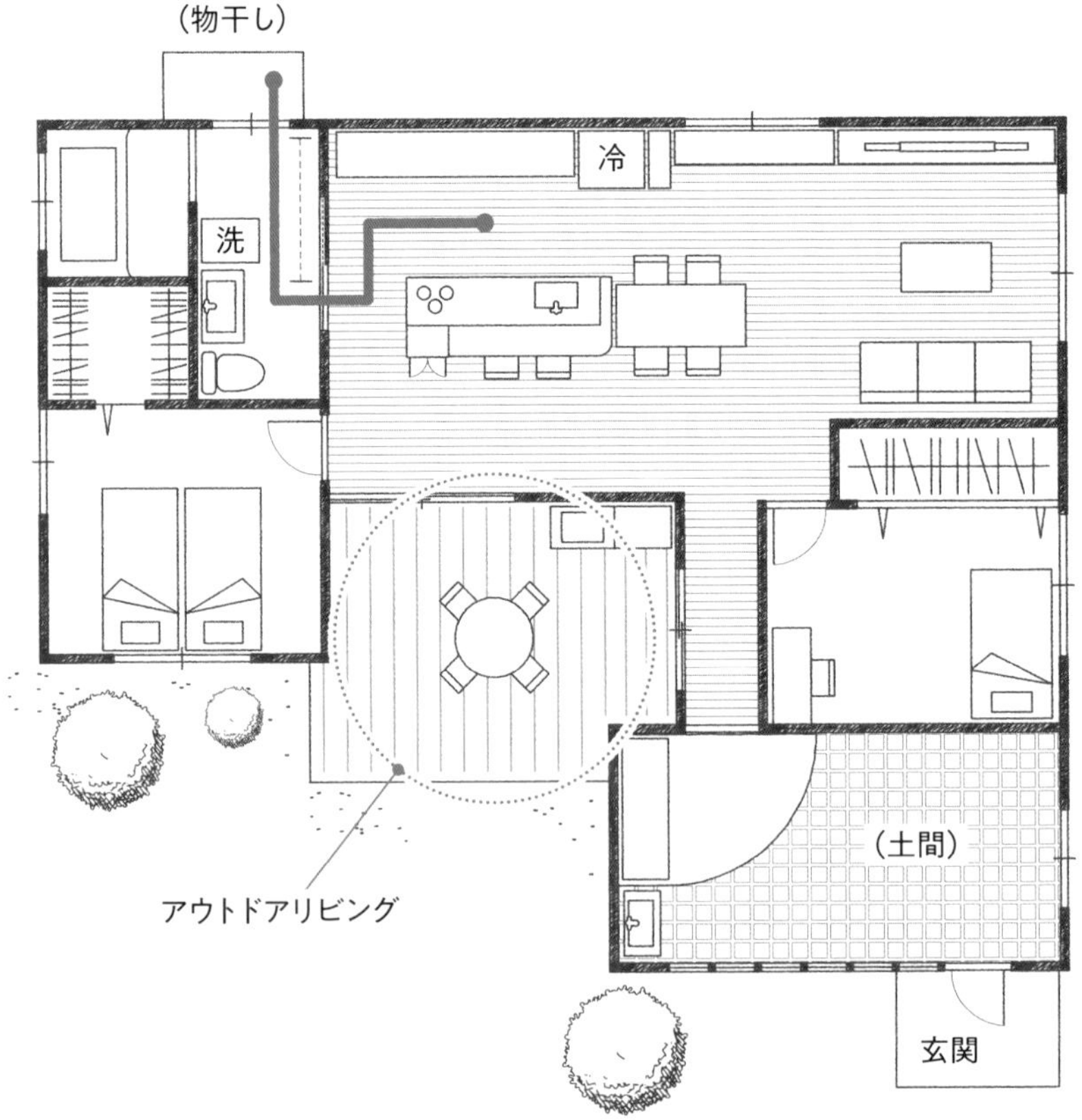

CASE.
5

東京都
A邸

コンパクトで便利・快適な住まい

［家族構成］
一人暮らし
［家の種類］
マンション・リフォーム
［家の広さ］
約54㎡
［居住年数］
14年

都心のマンションでアクティブに過ごす

子育て期に夫婦、子どもたちとで過ごしたのは3階建ての家。子どもたちが独立し、夫が先立ってしまった後も、その家でしばらく一人暮らしをしていました。

70歳代になり、パーキンソン病を患ったこともあり、心配する子どもたちのすすめで、都心の1LDKの中古マンションをリフォームし、移り住むことになりました。病院や、百貨店、劇場も近く、ベイエリアなので眺めも最高で、毎日アクティブに楽しく過ごせる場所です。

リフォーム前の玄関からLDKまでの通路は狭いうえに開きドアで、車いすでの生活は想定されていなかった。

共用廊下側の寝室にある窓は、開けづらくて風通しが悪く、結露やカビの原因に。

BEFORE

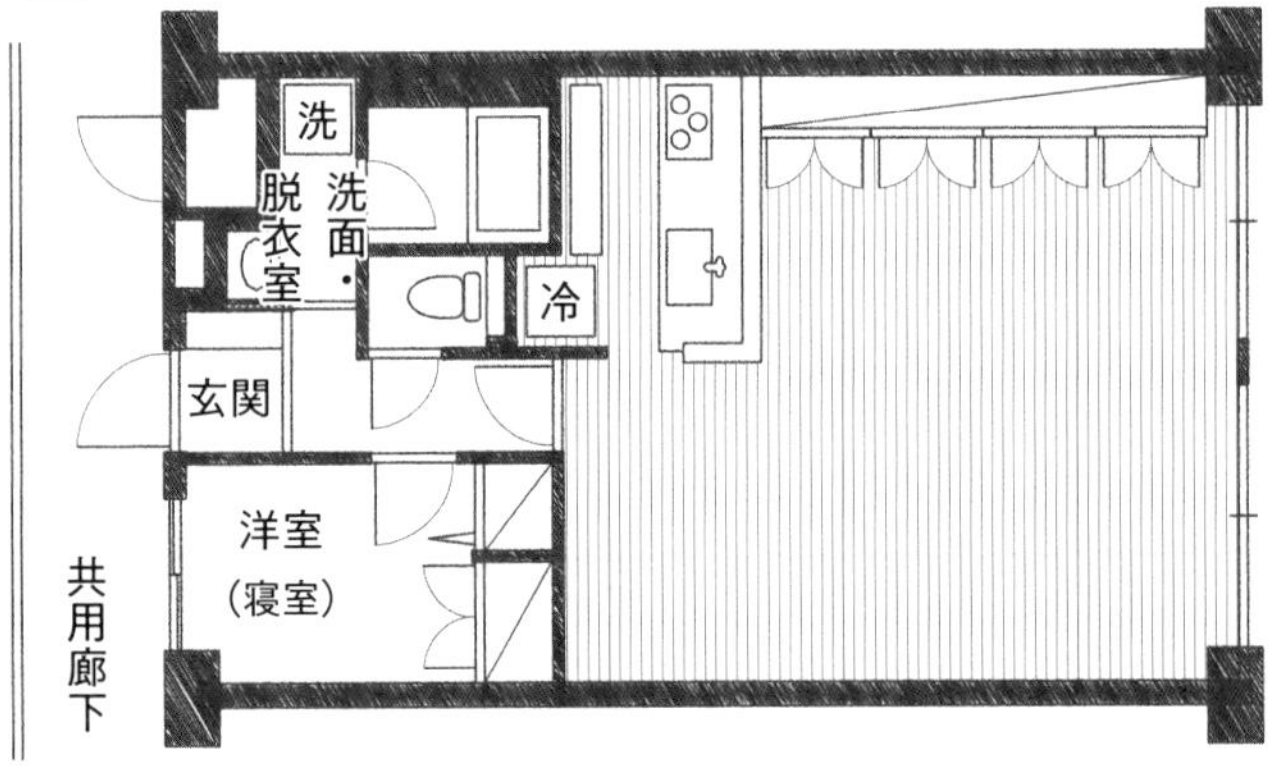

共用廊下側の窓は寝室にあるため開けづらく、結露やカビの問題があった。通路は狭く開きドアで、車いす生活には向かない。

AFTER

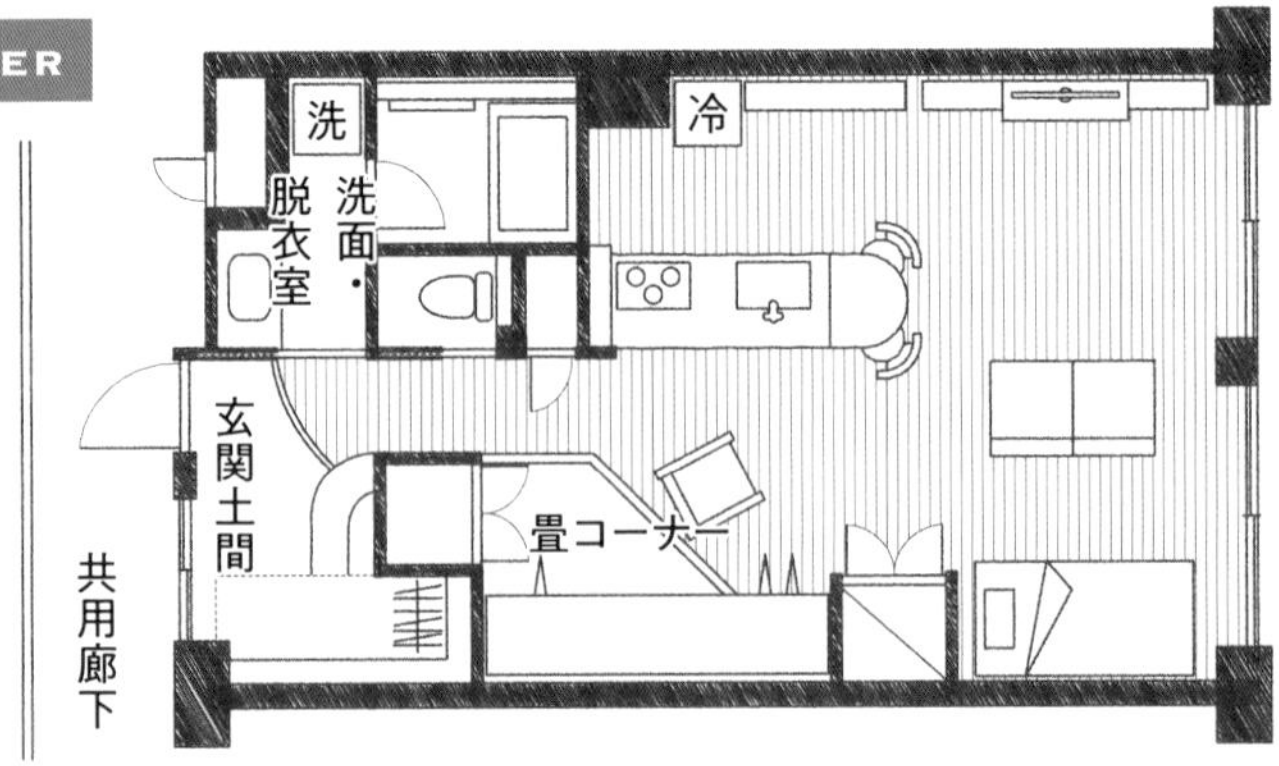

寝室を玄関土間に、キッチンをオープン型に変えることで、各スペースにゆとりができ、一体感のある広々とした空間に。

オープンでひと続きのワンフロア

一般的な1LDKのマンションは、リフォームによってホテルのスイートルームのように生まれ変わりました。ワンフロアの中で生活のすべてを便利・快適に行えるようにしています。

バリアフリー設計で段差をなくし、コンパクトな空間でありながら車いす生活も想定した動線、スペースを確保しています。

マンションの共用廊下に面し、玄関を入ってすぐ右側にあった洋室（寝室）をなくし、車いすも入れる広い玄関土間に。寝室ということで開けにくかった、共用廊下に面する窓を気兼ねなく開けられるようになり、部屋の中を風が通り抜け、湿気対策ができるようになりました。

玄関を広くするためにスペースを狭められていた洗面・脱衣室が広くなるとともに、廊下の凹凸もなくなってすっきり。

ベッドは奥の窓際に置き、寝たいときにすぐに寝られるよう、あえて間仕切りなどを設けずにLDK空間になじませています。

キッチンもオープン型にして、シンクに接続する半円形のダイニングテーブルをつくりました。

コンパクトな空間の中に、置くだけの畳でつくった畳コーナーまであります。仏壇を置いたり、家族が泊まりに来たりしたときなどに便利です。

また、収納スペースもたっぷりとあります。クローク、シューズ収納、クローゼット、キッチン収納も壁面をめいっぱい活用しているので、空間を遮ることはありません。

オープン型のキッチンの続きに、ダイニングテーブルを造作。料理をしたらすぐに食べ、食べ終わったらすぐに片づけることができる。

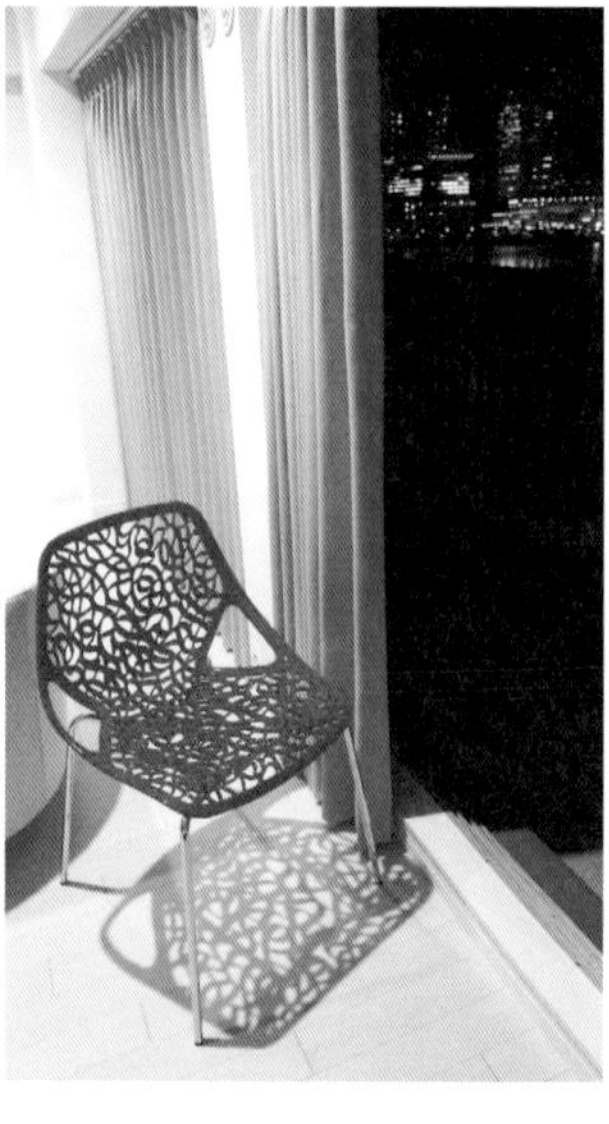

ダイニングの椅子を窓際に移動させ、外の夜景を見るのが楽しみの一つ。椅子は軽くて持ち運びが簡単。

ベッドとリビングのあいだは、必要なときにはロールスクリーンを下ろし、仕切りを設けることができる。

畳コーナーは、三角形の置き畳の組み合わせ。仏壇を置ける棚もつくっている。

たっぷり入るクローゼット。たくさんある大きなバッグがうまくおさまるよう工夫している。

バリアフリーの工夫の数々

玄関土間には造作のベンチがあり、靴の脱ぎ履きがラクにできます。土間と床のあいだに境界はありますが、段差はなく安全です。また、どの家具類もしっかりと固定し、手すり代わりに伝い歩きをしても安心なようにしました。一方で、ダイニングの椅子などは、できるだけ軽量なものを選び、持ち運びをしやすいようにしています。

家具類はどれも丸みをおびたデザインでやさしく、ビタミンカラーで心と体を元気に。トイレの手すりは、デザインがかわいらしいだけでなく、どこでも持ちやすくて力を入れやすい設計です。

靴の脱ぎ履きがラクにできるよう、玄関土間にはベンチを設けている。土間のタイルと木の床のあいだに段差はない。

くねくねと曲がった手すりは、どこでも握りやすくて力を入れやすい。インテリアのアクセントにもなっている。

設計：株式会社ヴェルディッシモ　江口惠津子

CASE. 6

京都府
A邸

老後を見据えた「回れるプラン」の家

[同居人]パートナー
[家の種類]戸建て・リフォーム
[家の広さ]約173㎡
[居住年数]6年

古い家屋をよみがえらせる

大学卒業後に就職して以来、ずっと実家を離れていましたが、定年退職を控え、新しい生活を実家で始めることにしました。

実家は築90年以上の、老朽化の著しい木造伝統工法の家。構造の補強などを含めた大規模なリフォームと、家全体にぎっしりと詰まった先代までの遺品の整理を、ここでいっしょに新しい生活を始める、訪問看護の専門家であるパートナーと協力しながら行いました。リフォームのプランにはパートナーの知見を活かし、体が思うように動かなくなる高齢期を見据えた工夫が詰まっています。

例えば、手すりをつける位置や角度は、体の機能低下やマヒの状態に合わせるのが理想的です。

有効な手すりの位置や角度が今はわからないので、実際に必要が生じたときに対応できるよう、手すりをつける可能性の高い壁の下地の強度を高くしておくなどの工夫をしています。信頼できる建築家からも、多くの知恵、アイデアを借りました。

遺品の整理・処分は、二人だけではこなせない大仕事で、多くの友人の力を借りつつも、1年以上かかりました。

弧を描く動線のアイデア

1階はもともと日本の伝統家屋によくある「田の字型プラン」（和室が4つ、正方形に近い形に並ぶ）で、現実の暮らし方に沿った間取

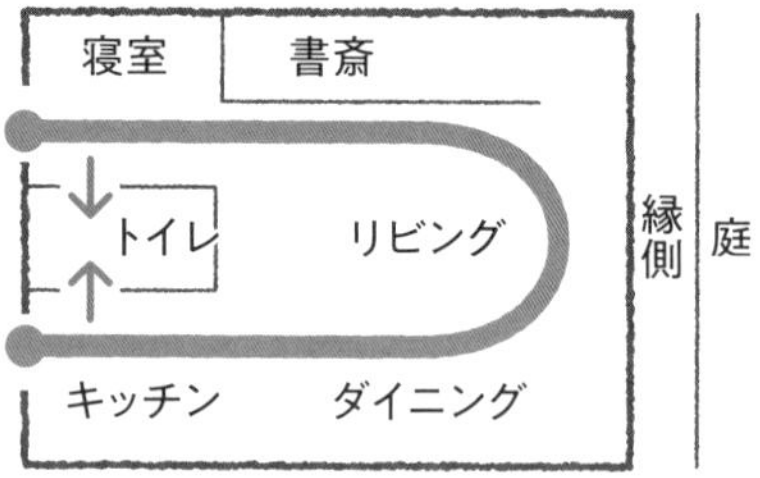

©母倉知樹

左手前の入口から左奥の寝室まで、円を描いて進むプラン。寝室は玄関側の屋外につながり、将来、介護の外部サービスを利用するようになったときに便利。

りや動線というものはありませんでした。

そこで、玄関からキッチン・ダイニング・リビング、寝室と進むにつれてプライバシーの度合いが深まる流れを、ワンフロアの中につくりだしました。この流れは弧を描いており、終点にあたる寝室は、じつは玄関側の表に位置することになります。こうしておくことで、将来、介護が必要になり外部サービスを利用する際には、寝室から直接に出入りすることが可能です。

トイレはこの流れの中心に設けており、キッチン側からも、寝室からも出入りすることができます。寝室からすぐにトイレに行くことができるのは、老後の住まいの大切な条件の一つです。

庭とリビングがひと続きで、自然が感じられる広々とした空間。

庭との間の、土間のある縁側に設けた小さなシンクは、花の手入れ、ぞうきんや泥のついたモノを洗うときなどに重宝している。

構造のリフォームと、断熱性能を高める工夫

構造の強度を補強するため、1階の外壁2面の少し内側に耐力壁と柱を追加しました。これによってできた細長い空間は収納スペースとして活用しています。また、この空間が断熱層のような働きをすることも期待できます。

庭のある面にはサンルームのような、土間になった縁側を設けて、リビングとひと続きに。洗濯物を干すこともでき、便利な空間です。冬になると、寒い外の庭と、あたたかいリビングの間の断熱空間にもなります。

キッチン、ダイニングの壁面沿いは、すべて収納スペースになっている。

対面型で収納も充実した使い勝手のよいキッチン。シンク横にダイニングテーブルがつながる。

玄関を入ってすぐにある畳のスペース。アンティークな収納家具や置物などで、趣のある和の空間を演出。

人が集まり、楽しくにぎやかな住まいに

国内外の友人が多く、泊りがけで遊びに来てもらうための工夫も充実しています。例えば玄関を入ってすぐにある畳のスペースでは、昔からこの家にあるアンティークな収納家具や、日本的な置物などでおもてなし。2階には、ゲスト専用のベッドルームをはじめ、水まわりの設備もひと通り設けました。ゲストは玄関から2階へ直行できる動線で、1階の住人の生活空間への入り口は施錠でき、お互いに気をつかわず過ごすことができます。

荷物の整理・処分の済んだ2階は立派な座敷で、今回はあえて手を加えずにおいたところ、海外からのゲストに好評です。趣味で撮影した写真を飾るなど、展覧会の会場としても活用しています。

玄関から直接アクセスできる、2階のゲストルーム。デスクなどもあり、まるで自宅の寝室のようなくつろげる空間。

ゲストルームのそばには、ゲスト用に独立したミニキッチンも設置。自由に使ってもらえる電子レンジもある。

トイレ、洗面、シャワールームもゲスト用に独立して設けている。ゲストルームの一連の設備は、体調不良のときなどには隔離ルームとして役立つ。

2階の座敷では、趣味の写真の作品を飾り、展覧会を開催することも。

階段まわりのスペースにある壁などにも、作品を飾り彩ることができる。

 設計：株式会社アトリエ・ブリコラージュ一級建築士事務所　奥野八十八

CASE.
7

京都府
M邸

古民家再生でスローライフ

［家族構成］
夫、妻
+犬1匹
［家の種類］
戸建て・
リフォーム
［築年数］
約160年（推定）
［居住年数］
5年

建物とのめぐりあわせを大切に

代々、神社の宮司を務め、境内にある保育園の園長でもあったため、以前の住まいは社務所の中にあり、生活空間と仕事場の境目がはっきりとしていませんでした。

息子たちが仕事を継いでくれることになり、社務所とは別のところに新居を探し始めたのは50歳代の半ば頃。よい物件を求めて、夫婦で実際にいろいろな場所を車で見てまわっていました。

ある日、曲がりくねった細い道に迷い込んでしまったとき、妻の目に飛び込んできたのが、現在の住まいである古民家です。とても惹かれたのでじっくり見たいと思いましたが走り過ぎてしまい、蛇行した細い道をバックすることもできず、そのときは仕方なくあきらめました。ところが1週間も経たないうちに、その古民家が売りに出されているのをインターネット上で偶然に見つけたのです。現地へ見学に行き、譲ってもらおうとすぐに決めました。

以前の住人は、現代の住まい方に合うよう、古民家に少し手を加えていました。「できるだけもとのかたちに戻して住まわれたらどうでしょうか」との建築家からの提案もあり、職人に依頼して余計な部分を取り払ってもらったところ、古民家本来の美しい姿を現しました。このとき、これを後世にまで残す責任を痛感したのです。

伝統的な建築物の研究が専門の大学院教授に調査を依頼すると、幕末頃の建物だと推測されるとのことでした。

©岡田大次郎

©岡田大次郎

©岡田大次郎

大工職人の手によって本来の姿によみがえった古民家。奇をてらうことのない美しさ、細部と全体が響き合う美しさを感じた。

不便さをあえて楽しむ暮らし

古民家の再生を終えてから数年間は、週末だけ通う二拠点生活を続けていました。窓を開けて風を通し、竈《かまど》で薪をくべ、ご飯を炊く練習などもします。建物を再生しただけでなく、古民家での暮らしもできるかぎり再現し楽しむための、いわゆる準備期間でもありました。こちらで本格的に暮らすようになったのは5年ほど前のことです。

ここでは、電気を使う家事の設備はほとんど使っていません。電子レンジもほしいと思ったことがないのですが、孫たちが遊びに来ているときにお菓子を「チンして」と言われ、少し困った経験があります。代わりに湯煎をして温めると喜んでくれました。孫たちはよく遊びに来て、のびのびと過ごします。

薪ストーブの前にあるダイニングテーブルは、暖かくてくつろげる場所。

パノラマのような窓で、庭の木々の緑が見渡せる開放的な空間。左手にある薪ストーブは、パンやピザなども焼いて楽しむ。

竈で炊いたご飯の塩おにぎりやみそ汁が大好きで、小学生のときは友だちと3人で、ご飯3合分のおにぎりをぺろりと食べました。庭を眺めながら入る木のお風呂もお気に入りです。

台所からも庭の緑がよく見えて快適です。以前の住まいは台所に窓がなく暗かったため、窓がほしい、窓から緑が見たいというのが妻のたっての希望でした。ここではたくさんの窓を開けて、風も感じながら家事ができます。家事の動線は、効率的であるとは言えないかもしれませんが、あえて改善の工夫はしていません。

冬の寒さは、大きな薪ストーブが和らげてくれます。これで食パンをトーストしたり、本格的にピザを焼いたりするのも楽しみの一つです。夏はエアコン1台だけで、冷房がよく効きます。

竈は端から大きさの順に並んでいる。火をおこすときに出る煙が顔にまともに当たらないよう、足元は掘って低くしている。

孫たちもお気に入りの、庭に面した木のお風呂。外の道路からの目線を生垣などで遮るよう工夫している。

古いもののよさを活かす

古民家では、アンティークの家具類がとてもよく映えます。これらは以前からの趣味で、夫婦で少しずつ買い集めてきたものです。120年ほど前のイタリア製のものが多く、建物と年代が近いためかよくなじみます。部屋に置くちょっとした雑貨なども、何気なく好みで選んだものですが、古民家の雰囲気に合っています。

夫は多くの時間を、主屋の裏手にある土蔵の中で過ごします。壁の厚い土蔵は防音効果があり、趣味であり仕事でもある作曲・作詞活動、ピアノやコントラバスなどの楽器演奏を、周りを気にすることなく行えるのです。土蔵は、隠れ家のような雰囲気も味わうことができます。

古民家での暮らしは、古いもののよさを活かすことによって楽しさが増していきます。古きよきものに目を向けて、本来の人間らしい暮らしとは何かを考え、求めていくことは、100年を生きる意味につながっていくのかもしれません。

センスよくしつらえられた座敷のテーブルと椅子は、一つひとつ買い求めて大切にしてきたもの。

©岡田大次郎

主屋の裏手にある土蔵は夫の趣味・仕事の空間。防音効果があり、大音量で音楽を流したり、楽器を演奏したりできる。

 設計：小田裕美建築設計事務所株式会社

TOPIC

二拠点生活を選択するときは

地方での暮らしが人気上昇

最近では、地方での生活に関心をもつ人が増加しています。内閣府が2022年に発表した調査※によると、34・2％（2019年12月は25・1％）が地方居住に関心をもっているという結果でした。

後半の人生は旅行や行動的な生活を楽しもうと、駅に近くて便利な都心でのマンション暮らしを選ぶ人が多い一方で、地方で暮らすことを考える人も多くなっているようです。

幼い頃から自然が好きだけれども、勤め先が都市圏のため、マンション暮らしを余儀なくされていた人もいるでしょう。たまに山や海に行ってリフレッシュしながら、今日まで過ごしてきたのではないでしょうか。

テレワークができる社会になったことで、都心で暮らすメリットが薄れてきたという背景もあります。

一足飛びに都市圏を離れて地方での暮らしを始めるというのではなく、都市での生活拠点以外

※「第5回 新型コロナウイルス感染症の影響下における生活意識・行動の変化に関する調査」の「地方移住への関心（東京圏在住者、全年齢）」より

に、自然を満喫するためのもう一つの生活拠点をもつというライフスタイルがあります。つまり、二つの地域に拠点を置いて、行き来しながら生活するということです。

かねてから住んでみたいと思っていたところ、気になっているところがあれば、二拠点生活を検討してみるのもよいでしょう。

二拠点生活を始める前に

あこがれの地方での生活ですが、住み慣れていない土地ではあります。二拠点生活を本格的に始める前に、次の3つのことを行っておくと安心です。

(1)現地にお試し滞在をし、住み心地を体感してみましょう。想像していたこととのギャップはないでしょうか。

(2)都市圏と地方では人づきあいに違いがあります。都市の希薄さとは反対に、地方では人間関係が濃く、人のネットワークがしっかりとできています。そのなかに入るには時間がかかるかもしれません。地域のイベントに参加するなど、ふれあう機会をもつようにしましょう。

（3）二拠点の往復に要する時間は許容できる範囲でしょうか？　望ましいのは2時間程度でしょう。交通費についても確認を忘れずに。

また、予算などに合わせて、二拠点生活の方法も考えておきましょう。大きく次の3つの方法があります。

（1）シェアハウスに入る
家賃が賃貸よりも割安であることが多いため、手軽に始められます。しかし、住みたい場所にあるとは限りません。

（2）賃貸物件を借りる
賃貸でマンションや家を借りる方法です。気に入らなければ解約すればよいので、失敗しても再チャレンジが容易です。

（3）土地や家を買う
地方は都心部に比べて相場が安いので、永住する決心が

つけば、本当に楽しめる理想の拠点をつくりましょう。建設するにあたっては、仮住まいのための賃借が必要かもしれません。

田舎暮らしのメリット・デメリット

美しい自然のなかで四季を感じることができるのは、田舎暮らしの大きなメリットです。海・山・川が近く、山歩き、畑仕事、魚釣り、アウトドアスポーツなど多様な趣味が得られて、人生が豊かになった人も多く見られます。

このように、田舎暮らしのメリットは想像に難くありませんが、次のようなデメリットについても目を向け、知っておくことが大切です。

（1）スーパーや飲食店が少なく、医療施設も整っていない地域があります。

（2）電車やバスの本数が限られています。公共交通機関がほとんどなく、自家用車がなければ生活できない地域もあります。台風、大雨、大雪に見舞われたときなど、とくに車の運転が苦手な人には注意が必要です。

（3）賃金水準が低く、職業選択の自由度も低くなっています（テレワークで働けるなら問題はありません）。

（4）人間関係が密接なため、コミュニケーションが苦手な人は、地域社会になじみにくいかもしれません。

こういった側面もしっかりと見据えて、自分や、いっしょに暮らす家族に合うかどうか、検討していくようにしましょう。

海辺暮らしのメリット・デメリット

美しく雄大な海の景色、楽しいマリンスポーツに美味しい海の幸と、海辺暮らしに憧れる理由はたくさんあります。

ただやはり、海辺暮らしもよいことばかりではありません。とくに次のような災害のリスクについては、念頭に置いておきましょう。

（1）潮風による塩害で、自転車や車に錆が生じやすくなり、そのままにしておくと壊れてしまいます。水洗いをこまめに行うなど、メンテナンスが欠かせません。洗濯物に塩がつきやすいことも挙げられます。室内など潮風が当たらない場所に干すようにしましょう。

塩害を避けるには、海から2㎞ほど離れた場所がよいでしょう。

(2)強風が吹くこともよくあります。テラスやベランダのモノは室内に入れ、玄関や車のドアの開閉時にも注意しましょう。砂ぼこりが巻き上がり、窓を開けていると室内に入ってくることもあります。

(3)台風や津波などの災害対策が必要です。自治体が公開しているハザードマップ、避難経路などで災害時の行動をシミュレーションしておきましょう。

災害リスクが気になる場合は、海から少し内陸側にある地域を選ぶとよいでしょう。マンションの上階などに住めば、景色を満喫できる魅力も得られます。

WORK

これからの人生と住まいの〝実現〟計画

本書のここまでの内容を踏まえ、あらためて具体的に自分自身のこれからの人生と住まいのプランを考えてみましょう。

人生後半で、どんなことをかなえたいですか？

かなえたいことのために、
どんなことを実行しますか？

現在の住まいの改善したいところを書きましょう。

人生後半のために、どんな部屋や空間をつくりたいですか？

監修｜加納 義久（かのう・よしひさ）

一級建築士事務所「加納住環境研究所」所長。一般社団法人 日本住育協会副理事長。福井大学建築学科卒業後、住宅産業界にてさまざまな住宅の企画・デザイン・設計・開発に従事。その後、街づくり計画、くらし文化研究、高齢者環境研究を行う。京都光華女子大学短期大学部教授（2006～2011年）。

加納住環境研究所HP　https://blue-tosu-4143.upper.jp

参考文献

・『幸せ家族には秘密がある 49年の家づくりで辿りついた「住育の家」』（宇津崎光代著／かもがわ出版）
・『幸せが舞い降りる「住育の家」』（宇津崎光代著／かもがわ出版）

構成・執筆：荒井麻理（株式会社ワード）

装丁・本文デザイン：村田沙奈（株式会社ワード）

イラスト：住吉りか、火詩　　**図面制作**：てらおか町へ

撮影協力：株式会社BRIO

制作協力：有限会社宇津﨑せつ子・設計室

制作・実例協力（五十音順）：
小田裕美建築設計事務所株式会社
株式会社アトリエ・ブリコラージュ一級建築士事務所　奥野八十八
株式会社ヴェルディッシモ　江口惠津子

企画・編集：端 香里（朝日新聞出版 生活・文化編集部）

50歳《さい》からの住《す》まいプラン

監　修　加納義久
発行者　片桐圭子
発行所　朝日新聞出版
〒104-8011 東京都中央区築地5-3-2
（お問い合わせ）infojitsuyo@asahi.com
印刷所　大日本印刷株式会社

ISBN　978-4-02-333393-2

定価はカバーに表示してあります。